Schönheit statt Asche

Empfange Heilung für deine Emotionen

Joyce Meyer

Copyright © 1994 by Joyce Meyer
Originally published in English by
Harrison House, Inc.
P.O. Box 35035
Tulsa, Oklahoma 74153
USA
under the title:
Beauty for Ashes by Joyce Meyer

© Alle Rechte der deutschen Ausgabe bei:

**Adullam Verlag
St.-Ulrich-Platz 8
85630 Grasbrunn**

ISBN 3-931484-27-0

Bestellungen an obenstehende Adresse richten.

1. Auflage, November 2001

Available in other languages from:
Access Sales International (ASI)
P.O. Box 700143
Tulsa, OK 74170-0143
USA
Fax 001-918-496-28822

Alle Bibelzitate wurden, wenn nicht anderweitig gekennzeichnet,
der Revidierten Elberfelder Bibel,
R. Brockhaus Verlag Wuppertal, Ausgabe 1992, entnommen.

Nachdruck, auch auszugsweise, nur mit schriftlicher Genehmigung des Verlags.

Übersetzung: Dagmar Schulzki
Umschlag: Anne Dittrich, Druckerei Mißbach
Satz und Umbruch: Adullam Verlag
Druck: Holzmann Druck, Bad Wörishofen
Lektorat: Stefanie Ecker M. A., Christa Schmidt

Widmung

Ich widme dieses Buch meinem Mann Dave, der mir im Verlauf meiner Heilung die Liebe Jesu zeigte.

Danke, Dave, daß ich ich selbst sein durfte, auch wenn ich manchmal unerträglich war. Danke dafür, daß Du geduldig warst, mich ständig ermutigt hast und selbst dann Gott vertraut hast, daß Er mich verändern würde, als es unmöglich erschien.

Ich glaube, dieses Buch ist ebenso Deines wie meines, und ich bin Gott dankbar, daß Er Dich an meine Seite gestellt hat. Du bist noch immer mein Traummann.

Inhaltsverzeichnis

Vorwort..7
1 Mißbrauch...9
2 Vertraut mit Angst...13
3 Suchtverhalten durch Mißbrauch..........................23
4 Endlich geliebt..33
5 Laß dich vom Heiligen Geist leiten.......................43
6 Schmerz..49
7 Um herauszukommen, mußt du hindurchgehen....59
8 Schuld und Schamgefühl......................................63
9 Selbstablehnung und Selbsthaß.............................75
10 Die Wurzel der Ablehnung und ihre Auswirkung auf Beziehungen..83
11 Die Zuversicht, einzigartig zu sein........................89
12 Vergebung..99
13 Vergib deinem Peiniger......................................105
14 Bete für deine Feinde, und segne sie...................111
15 Vergeltung für erlittene Verletzungen.................121
16 Eifersucht...127
17 Emotionale Abhängigkeit...................................135
18 Intimität und Vertrauen.....................................141
19 Endlich frei!..149
20 Mauern oder Brücken?......................................157
Ein wunderbarer Schluß..163
Über den Autor..167
Bibliographie...169

Vorwort

Emotionale oder innere Heilung ist ein Thema, über das unbedingt gesprochen werden muß, und zwar auf einer biblischen, ausgewogenen Grundlage, die Gott-gewirkte Ergebnisse hervorbringt.

Unser inneres Leben ist sehr viel wichtiger als unser äußeres. Der Apostel Paulus schreibt im 2. Korinther 4, 16: „… wenn auch unser äußerer Mensch aufgerieben wird, so wird doch der innere Tag für Tag erneuert."

In Römer 14, 17 heißt es: „Denn das Reich Gottes ist nicht Essen und Trinken, sondern Gerechtigkeit und Friede und Freude im Heiligen Geist", und Lukas 17, 21 sagt: „Denn siehe, das Reich Gottes ist *inwendig in* euch" (*Schlachter*).

Die Zusammenfassung dessen, was ich im Laufe der Jahre in dieser Hinsicht gelernt habe, ist, daß Jesus mein König ist. Das Königreich, in dem Er regieren möchte, ist mein inneres Leben – mein Verstand, mein Wille, meine Gefühle und Wünsche usw. Mit Ihm kommen Gerechtigkeit, Frieden und Freude. Welche Schwierigkeiten oder Prüfungen ich in meinem äußeren Leben auch erfahren mag – wenn ich im Inneren gesund bin, werde ich nicht nur bloß leben, sondern mein Leben auch genießen.

Sehr viele Menschen erwecken äußerlich den Eindruck, als ob bei ihnen alles in bester Ordnung wäre, aber in ihrem Inneren sind sie ein Wrack. Mir ging es ebenso, bis ich gelernt habe, daß das Hauptanliegen des Herrn mein innerer Zustand ist. Matthäus 6, 33 lehrt uns, daß wir zuerst das Reich Gottes (erinnere dich, es ist in dir) und seine Gerechtigkeit suchen sollen, und *dann* werden uns diese *anderen* Dinge hinzugefügt werden.

In Jesaja 61 sagt uns der Herr, daß Er gekommen ist, um die Menschen mit gebrochenem Herzen zu heilen. Ich glaube, damit sind Menschen gemeint, die innerlich zerbrochen und verletzt sind.

Dieses Buch ist mit einer Straßenkarte zu vergleichen, die aufzeigt, wie man von Krankheit zu Gesundheit und Ganzheit des inneren

Schönheit statt Asche

Menschen gelangt. Ich bete, daß du den Inhalt leicht verständlich, klar und kraftvoll finden wirst und der Heilige Geist dich befähigt, der Straßenkarte zu folgen, damit du dein Ziel erreichst.

Mein Gebet für dich kannst du in Epheser 3, 16 nachlesen: Ich bete, daß du durch die Kraft des Heiligen Geistes in deinem Inneren gestärkt wirst und Er in deinem Innersten und in deinem Charakter wohnt.

1
Mißbrauch

Einige der Ausdrücke, die Websters Wörterbuch benutzt, um das Wort *mißbrauchen* zu definieren, sind: als Verb – 'mißhandeln'; 'auf eine falsche Art benutzen'; 'verletzen durch schändliche Behandlung'; 'falsch behandeln'"; 'eine beleidigende, rohe oder üble Sprache benutzen'; 'beschimpfen'; als Substantiv – 'falscher, schlechter oder exzessiver Gebrauch'; 'falsche Behandlung'; 'Verletzung'; 'eine üble, ungerechte oder korrupte Gewohnheit oder Praxis'; 'beleidigende oder grobe Sprache'.[1]

Ich bin überzeugt davon, daß die meisten Menschen irgendwann in ihrem Leben auf die eine oder andere Weise mißbraucht werden. Einige allgemeine Formen von Mißbrauch sind körperlicher, verbaler, emotioneller und sexueller Natur. Worin der Mißbrauch auch immer besteht, er verursacht eine Wurzel von Ablehnung, die in unserer Zeit ein ernstzunehmendes Problem darstellt. Gott hat die Menschen mit einem Bedürfnis nach Liebe und Annahme geschaffen, aber der Teufel arbeitet hart daran, daß wir uns abgelehnt fühlen, denn er weiß, wie sehr uns Ablehnung emotional und anderweitig verletzt.

Die oben genannten Arten von Mißbrauch – ob sie nun in Form von zerstörten Beziehungen, Unbeherrschtheit, Trennung, Anklagen, Ausgrenzung aus Gruppen, Ablehnung durch Lehrer und andere Autoritätspersonen, Spott von Kameraden oder auf eine der unzähligen anderen verletzenden Aktionen zum Ausdruck kommen – können emotionale Wunden verursachen, die die Gesundheit und die Beziehungsfähigkeit eines Menschen angreifen.

Bist du mißbraucht, mißhandelt, falsch oder unanständig behandelt worden? Abgelehnt worden? Hat das dein emotionales Befinden beeinflußt? Willst du wirklich geheilt werden? Willst du gesund werden?

---

[1] *Webster's New World Dictionary*, College-Ausgabe, 3. Aufl. unter „abuse".

Schönheit statt Asche

Eine meiner Lieblingsschriftstellen, die inhaltlich jedoch sehr bestürzend ist, ist Johannes 5, 5-6. In dieser Passage wird beschrieben, wie Jesus einen Mann sieht, der am Teich Betesda liegt und der seit 38 Jahren schwer krank ist. Obwohl Jesus wußte, wie lange dieser Mann bereits in dieser schlimmen Lage war, fragte Er ihn: „Willst du gesund werden?" (Vers 6).

Was für eine Frage an jemanden, der so lange krank gewesen ist! Jesus stellte diese eigentümliche Frage, weil nicht jeder einen Willen hat, der stark genug ist, um zu tun, was von ihm verlangt wird. Verletzte Gefühle können zu einem Gefängnis werden, das einen selbst ein- und andere ausschließt. Jesus ist gekommen, um diese Gefängnistüren zu öffnen und Gefangene zu befreien! (Lk. 4, 18).

Dieser Mann litt, wie so viele Menschen heutzutage, sehr lange Zeit an einer schweren Krankheit. Nach 38 Jahren, da bin ich sicher, hatte er gelernt, mit dieser Krankheit zu leben. Menschen, die gefangen sind, „funktionieren" vielleicht, aber sie sind nicht frei. Gleichwohl gewöhnen sich körperlich oder emotional Gefangene an ihre Gebundenheit, das heißt sie finden sich mit ihrem Zustand ab und lernen, damit zu leben.

Bist du „emotional gefangen"? Wenn ja, wie lange schon? Plagt dich eine schlimme Krankheit? Willst du davon frei werden? Möchtest du wirklich gesund sein? Jesus will dich heilen. Er will, und du?

Möchtest du frei und gesund sein?

Von emotionaler Gebundenheit frei zu werden ist nicht einfach. Ich möchte von Anfang an ehrlich sein und frei heraus sagen, daß es für viele Menschen, die dieses Buch lesen, kein leichter Weg sein wird. Ich werde Gefühle herausfordern, die verdrängt worden sind, statt sie anzugehen und zu verarbeiten. Vielleicht bist du eine dieser Personen. Vielleicht hast du in der Vergangenheit Gefühle erlebt, die zu schmerzhaft waren, als daß du hättest damit umgehen können; Gefühle, bei denen du jedesmal, wenn sie an die Oberfläche kamen, zu Gott gesagt hast: „Ich bin noch nicht bereit dafür, Herr! Ich werde mich mit diesem Problem später auseinandersetzen."

Dieses Buch will nicht nur die emotionalen Schmerzen behandeln, die durch andere an dir verursacht wurden, sondern auch deine Verantwortung gegenüber Gott betonen, diese Traumata zu überwinden und gesund zu werden.

Manche Menschen (in Wirklichkeit sehr viele Menschen) müssen hart darum kämpfen, ihre persönliche Verantwortung zu akzeptieren.

Auf diesen Seiten werden wir auf eine sehr praktische Art auf Unvergebenheit, unterdrückten Ärger, Selbstmitleid, Komplexe, auf die „Du-schuldest-mir-etwas"-Mentalität und viele andere zerstörerische gedankliche und emotionale Störungen eingehen, die wir ausräumen müssen, damit wir nachhaltig gesund werden können.

Du fragst vielleicht: „Aber wer wird sich mit der Person befassen, die mich verletzt hat?" Wir werden auch auf diese Frage eingehen. Vielleicht beschäftigt dich auch der Gedanke: „Wieso hält sich diese Frau für eine Kapazität im emotionalen Bereich – insbesondere, wenn es um meine Emotionen geht?" Vielleicht hast du Fragen, die du mir persönlich stellen möchtest wie zum Beispiel: „Sind Sie ausgebildete Psychologin? Wo haben Sie studiert? Haben Sie überhaupt ähnliches durchgemacht wie ich? Woher wollen Sie wissen, wie es ist, emotional gefangen zu sein?"

Ich kann all diese Fragen beantworten, und wenn du mutig genug bist, deiner Situation ins Auge zu sehen und dich dafür entschieden hast, wirklich gesund zu werden, dann lies weiter.

Ich wurde mißbraucht

Wenn du so willst, haben mich meine persönlichen Erfahrungen geschult, befähigt und qualifiziert, auf diesem Gebiet zu lehren. Ich sage immer: „Ich wurde in der Schule des Lebens ausgebildet." Ich beanspruche die Worte des Propheten Jesaja als mein Diplom:

> *Der Geist des Herrn, Herrn, ist auf mir; denn der Herr hat mich gesalbt. Er hat mich gesandt, den Elenden frohe Botschaft zu bringen, zu verbinden, die gebrochenen Herzens sind, Freilassung auszurufen den [körperlich oder geistig] Gefangenen und Öffnung des Kerkers den Gebundenen.*
>
> Jesaja 61, 1

Schönheit statt Asche

In den Versen 2 und 3 (*Amplified*) fährt Jesaja fort:

Das Gnadenjahr des Herrn – das Jahr seiner Gunst – auszurufen und den Tag der Rache unseres Gottes; zu trösten alle Trauernden; den Trauernden in Zion [Festigung und Freude zu] gewähren, ihnen einen Schmuck – einen Kranz oder ein Stirnband – der Schönheit statt Asche zu geben ...

Gott hat meine Asche gegen Schönheit ausgetauscht und mich dazu berufen, anderen zu helfen, damit Er dasselbe für sie tun kann.

Ich wurde sexuell, körperlich, verbal und emotional mißbraucht, solange ich denken kann, bis ich schließlich als Achtzehnjährige von zu Hause wegging. In meiner Kindheit wurde ich von mehreren Männern mißbraucht. Ich wurde abgelehnt, im Stich gelassen, verraten und mußte zudem eine Scheidung durchmachen. Ich weiß, was es heißt, „emotional gebunden" zu sein.

Der Grund, warum ich dieses Buch schreibe, ist nicht, einen detaillierten Erfahrungsbericht wiederzugeben, sondern dir eine Kurzfassung meiner eigenen Erlebnisse zu geben, damit du glaubst, daß ich weiß, was es heißt, verletzt zu werden, und dir zeigen kann, wie man sich davon erholt. Ich möchte dir helfen, und das gelingt mir nur, wenn du mir wirklich glaubst, daß ich verstehe, was du durchmachst.

Bevor ich von meiner Kindheit und meinen Erfahrungen berichte, möchte ich ausdrücklich betonen, daß ich meine Eltern mit keinem dieser Details erniedrigen möchte. Ich habe gelernt, daß verletzte Menschen andere verletzen, und daß die meisten Menschen, die andere verletzen, selbst verwundet sind. Gott hat mir die Gnade geschenkt, daß ich sagen kann: „Vater, vergib ihnen, denn sie wußten wirklich nicht, was sie taten." Ich gebe meine Erfahrungen nur zu dem Zweck weiter, um anderen zu helfen, die wie ich mißbraucht wurden.

2
Vertraut mit Angst

Aufgrund des Mißbrauchs, den ich zu Hause erlebte, war meine ganze Kindheit von Furcht überschattet. Mein Vater kontrollierte mich mit Wutausbrüchen und Einschüchterung. Er zwang mich nie handgreiflich, mich ihm zu unterwerfen, aber er zwang mich, so zu tun, als ob mir das, was er mir antat, gefallen würde und ich es wollte. Ich glaube, die Unfähigkeit, meine wahren Gefühle über das, was mit mir geschah, zu zeigen, und der Zwang, so zu tun, als ob ich es genießen würde, hatten viele tiefe Wunden in mir hinterlassen.

Die wenigen Versuche, wo ich voller Furcht ehrlich über meine Situation sprach, waren verheerend. Die heftige Reaktion meines Vaters – sein Brüllen und Toben – ängstigte mich so sehr, daß ich bald lernte, ohne Widerspruch zu tun, was immer er verlangte.

Die Furcht war mein ständiger Begleiter: Angst vor seinem Zorn; die Angst, bloßgestellt zu werden; Furcht davor, meine Mutter könnte herausfinden, was gerade passierte; und ich hatte sogar Angst davor, Freunde zu haben.

Meine Befürchtungen, Freunde zu haben, hatte zwei Gründe: Wenn es Mädchen waren, hatte ich Angst, daß mein Vater versuchen würde, sie ebenfalls zu verführen. Waren es Jungen, hatte ich Angst, mein Vater würde sie oder mich verletzen. Er hätte niemandem erlaubt, mir näherzukommen, denn „ich gehörte ihm". Er hätte mich aufs heftigste beschuldigt, mit Schulkameraden sexuelle Beziehungen zu unterhalten.

In all der Zeit, in der ich mit der Angst vor Freundschaften und vor Einsamkeit zu kämpfen hatte, wollte ich mich niemandem anvertrauen und ihn in das Desaster verwickeln, denn das wäre mir unendlich peinlich gewesen, und ich hätte mich dafür geschämt.

Ich versuchte zwar, in der Schule Bekanntschaften zu schließen, ließ jedoch nie zu, daß die Beziehungen so eng wurden, daß meine neuen Freunde von mir erwartet hätten, sie zu mir nach Hause einzuladen.

Schönheit statt Asche

Ich hätte nie jemandem erlaubt, mich dort zu besuchen oder auch nur anzurufen. Wenn das Telefon klingelte und der Anruf für mich war, geriet ich in Panik und dachte: „Was mach ich bloß, wenn es jemand aus der Schule ist?"

Unendlich viel Angst

Mein Vater trank jedes Wochenende exzessiv. Oft nahm er mich auf seine Sauftouren mit und benutzte mich, wie es ihm paßte. Viele Male kam er zornig nach Hause und schlug meine Mutter. Mich schlug er nicht oft, aber zu sehen, wie er meine Mutter schlug, war ebenso schlimm, wie wenn er mich verprügelt hätte.

Mein Vater kontrollierte alles, was um ihn herum vorging. Er entschied, wann wir aufstanden und wann wir schlafen gingen; was wir aßen, trugen und ausgaben; mit wem wir Kontakt pflegten; welche Fernsehsendungen wir ansahen – kurz gesagt, er beherrschte unser ganzes Leben. Er beleidigte und beschimpfte meine Mutter und mich, und schließlich auch meinen einzigen Bruder, der geboren wurde, als ich neun Jahre alt war. Ich erinnere mich, daß ich mir verzweifelt wünschte, das Baby würde ein Mädchen werden. Ich dachte, wenn es noch ein Mädchen in der Familie gäbe, würde ich in Ruhe gelassen werden, wenigstens zeitweise.

Mein Vater fluchte fast immer und benutzte dabei eine äußerst vulgäre und schmutzige Sprache. Er kritisierte alles und jeden. Seine Meinung war, daß keiner von uns jemals etwas richtig gemacht hätte und daß wir es nie zu etwas bringen würden. Wir wurden ständig daran erinnert, daß wir „eben nicht gut" waren. Aber es gab auch Momente, wo er völlig anders war. Dann gab er uns Geld und ermunterte uns, einkaufen zu gehen; manchmal kaufte er uns auch Geschenke. Er war manipulativ und zwanghaft. Er tat alles, was nötig war, um das zu bekommen, was er wollte. Andere Menschen hatten für ihn nicht den geringsten Wert, es sei denn, er konnte sie für seine selbstsüchtigen Zwecke benutzen.

Bei uns zu Hause gab es keinen Frieden. Ich wußte nicht, was Friede überhaupt ist, bis ich erwachsen war und Gottes Wort viele Jahre lang studiert hatte.

Im Alter von neun Jahren wurde ich wiedergeboren, als ich bei Verwandten außerhalb der Stadt zu Besuch war. Eines Abends schlich ich mich davon, um zu einem Gottesdienst zu gehen, und dort fand ich meine Erlösung. Ich weiß nicht, woher ich wußte, daß ich errettet werden mußte. Gott mußte diesen Wunsch in mein Herz gelegt haben. Ich nahm an diesem Abend Jesus Christus als meinen Retter an und erfuhr eine wunderbare Reinigung. Bis zu diesem Moment hatte ich mich wegen des Inzests immer schmutzig gefühlt. Nun fühlte ich mich zum ersten Mal rein, so als ob ich ein innerliches Bad genommen hätte. Trotzdem hatte ich noch immer dasselbe Problem, und als ich nach Hause zurückkam, kehrten auch meine alten Gefühle zurück. Ich dachte, ich hätte Jesus verloren, und so erlebte ich keinen anhaltenden inneren Frieden und war stets freudlos.

Im Stich gelassen

Was war mit meiner Mutter? Welche Rolle spielte sie bei alledem? Warum half sie mir nicht?

Ich war ungefähr acht oder neun Jahre alt, als ich meiner Mutter erzählte, was zwischen meinem Vater und mir vorging. Sie untersuchte mich und konfrontierte meinen Vater mit dem, was ich erzählt hatte, aber er behauptete, ich würde lügen – und sie entschied sich dafür, lieber ihm als mir zu glauben. Welche Frau würde ihrem Mann in solch einer Situation nicht glauben wollen? Ich denke, tief in ihrem Inneren kannte meine Mutter die Wahrheit, doch entgegen aller Vernunft hoffte sie, sich zu irren.

Als ich vierzehn war, kam sie eines Tages früher als erwartet vom Einkaufen zurück und ertappte meinen Vater dabei, wie er mich sexuell mißbrauchte. Sie sah uns, ging hinaus, kam zwei Stunden später wieder und tat, als wäre nichts gewesen.

Meine Mutter hatte mich im Stich gelassen.

Sie hatte mir nicht geholfen, wie sie es hätte tun sollen.

Viele Jahre später (tatsächlich waren es 30) gestand sie mir, daß sie es nicht geschafft hatte, sich dem Skandal zu stellen. Sie hatte es 30 Jahre lang nicht erwähnt! Während dieser Zeit erlitt sie einen Nervenzusammenbruch. Jeder, der sie kannte, schob es auf die „Wechseljahre".

Schönheit statt Asche

Zwei Jahre lang erhielt sie Elektroschockbehandlungen, die vorübergehend Teile ihres Gedächtnisses auslöschten. Keiner der Ärzte wußte, was sie ihr halfen zu vergessen, aber sie waren sich alle einig, daß sie etwas vergessen mußte. Es war offensichtlich, daß etwas in ihrem Kopf ihre geistige Gesundheit zerstörte.

Meine Mutter beteuerte, daß die Ursache ihres Problems ihre körperliche Verfassung sei. Dieser Lebensabschnitt war eine außergewöhnlich harte Zeit für sie. Als Folge einer Totaloperation im Alter von 36 kam sie vorzeitig in die Wechseljahre. Damals hielten die meisten Ärzte nichts davon, Hormone zu verschreiben, weshalb diese Zeit für sie sehr schwierig war. In ihrem Leben waren mehr Konflikte zusammengekommen, als sie verkraften konnte!

Ich persönlich bleibe der Meinung, daß der emotionale Zusammenbruch meiner Mutter das Ergebnis des jahrelangen Mißbrauchs war, den sie ertragen hatte, und eine Folge der Tatsache ist, daß sie sich weigerte, sich dieser Wahrheit zu stellen und daran zu arbeiten. In Johannes 8, 32 verspricht uns der Herr: „... und ihr werdet die Wahrheit erkennen, und die Wahrheit wird euch freimachen." Gottes Wort ist wahr, und wenn man es annimmt, besitzt es die Ihm eigene Kraft, Gefangene frei zu machen. Gottes Wort bringt uns auch dazu, den Problemen in unserem Leben ins Auge zu blicken. Wenn wir uns entscheiden wegzulaufen, wenn der Herr uns sagt, wir sollen fest stehen und bestimmte Dinge konfrontieren, *werden wir in der Gebundenheit bleiben.*

Flucht aus dem Elternhaus

Als ich achtzehn Jahre alt war, zog ich von zu Hause aus, während mein Vater in der Arbeit war. Kurz darauf heiratete ich den erstbesten jungen Mann, der Interesse an mir zeigte. Wie ich hatte mein neuer Mann eine Menge Probleme. Er war manipulativ, ein Dieb und Betrüger. Die meiste Zeit arbeitete er nicht. Wir zogen viel herum, und dann verließ er mich in Kalifornien. Ich besaß gerade mal ein Zehncentstück und eine Kiste Sprudel. Ich hatte Angst, aber da ich an Angst und Traumata gewöhnt war, war ich vermutlich nicht so entsetzt, wie jemand mit weniger „Erfahrung" es gewesen wäre.

Vertraut mit Angst

Mein Mann war schon vorher mehrere Male verschwunden, während ich bei der Arbeit war. Jedes Mal blieb er einige Wochen oder Monate weg. Wenn er dann wieder auftauchte, hörte ich mir sein süßes Gerede und seine Entschuldigungen an und nahm ihn wieder auf – nur um dasselbe zu erleben. In den Zeiten, wo er bei mir war, trank er ständig und hatte regelmäßig Beziehungen mit anderen Frauen.

Fünf Jahre lang versuchten wir etwas aufrechtzuerhalten, was wir „Ehe" nannten. Wir waren beide so jung, erst achtzehn, und keiner von uns hatte ein ordentliches Elternhaus gehabt. Wir waren völlig unfähig, uns gegenseitig zu helfen. Meine Probleme wurden nur noch komplizierter, als ich im Alter von 21 eine Fehlgeburt erlitt und mit 22 meinen ältesten Sohn zur Welt brachte. Dieses Ereignis fand im letzten Jahr unserer Ehe statt. Mein Mann verließ mich, zog bei einer anderen Frau zwei Blocks von unserer Wohnung entfernt ein und erzählte jedem, daß das Kind, mit dem ich schwanger war, nicht von ihm sei.

Ich erinnere mich, daß ich in jenem Sommer 1965 um ein Haar meinen Verstand verloren hätte. Während meiner Schwangerschaft verlor ich an Gewicht, weil ich nichts essen konnte. Obwohl ich weder Freunde noch Geld besaß und nicht versichert war, ging ich in eine Klinik, wo mich bei jedem Termin ein anderer Arzt behandelte. Wie sich herausstellte, waren es Assistenzärzte in der Ausbildung. Ich war unfähig zu schlafen und begann, Schlaftabletten zu nehmen, die ich ohne Rezept bekam. Gott sei Dank schadeten sie weder mir noch meinem ungeborenen Kind.

Die Hitze war in diesem Sommer besonders schlimm, und es gab weder einen Ventilator noch eine Klimaanlage in meiner Dachgeschoßwohnung im zweiten Stock. Mein einziger materieller Besitz war ein alter Studebaker, der regelmäßig seinen Dienst versagte, wenn er heiß wurde. Da mein Vater mir immer prophezeit hatte, daß ich eines Tages seine Hilfe brauchen und zu ihm zurückgekrochen kommen würde, war ich entschlossen, alles zu tun, nur das nicht – wenn ich auch nicht wußte, was ich tun sollte.

Ich kann mich noch daran erinnern, daß ich geistig so angespannt war, daß ich nur dasaß und stundenlang auf die Wände oder aus dem

Schönheit statt Asche

Fenster starrte und mir gar nicht bewußt war, was ich tat. Ich arbeitete, bis der Termin für das Baby gekommen war. Als ich meinen Job aufgeben mußte, nahmen meine Frisörin und ihre Mutter mich auf. Mein Baby kam viereinhalb Wochen zu spät. Ich hatte keine Ahnung, was mich erwartete, und nicht die geringste Vorstellung, wie ich für es sorgen sollte, wenn es geboren wurde. Als das Baby kam, tauchte mein Mann in der Klinik auf. Da es ihm sehr ähnlich sah, konnte er nicht länger abstreiten, daß er der Vater war. Wieder einmal beteuerte er, es täte ihm leid und er würde sich ändern.

Als ich aus dem Krankenhaus entlassen wurde, hatten wir kein Zuhause. Mein Mann rief dann die Ex-Frau seines Bruders, eine wundervolle Christin, an. Bei ihr konnten wir wohnen, bis ich wieder arbeiten gehen konnte.

Ich denke, du kannst dir anhand dieser wenigen Einzelheiten vorstellen, wie mein Leben aussah. Eigentlich war es lächerlich! Es gab keinen Halt in meinem gesamten Dasein, dabei war Stabilität genau das, was ich brauchte und wonach ich mich verzweifelt sehnte.

Schließlich, im Sommer 1966, erreichte ich einen Punkt, wo es mir egal war, was mit mir passierte. Ich konnte mir nicht vorstellen, noch länger mit meinem Mann zusammenzubleiben. Ich hatte jeglichen Respekt vor diesem Mann verloren, besonders seit er, um dem ganzen die Krone aufzusetzen, zu dieser Zeit auch noch Schwierigkeiten mit dem Gesetz bekam. Ich nahm meinen Sohn, packte zusammen, was ich tragen konnte, und ging. Von einer Telefonzelle aus rief ich meinen Vater an und fragte, ob ich nach Hause kommen könnte. Natürlich war er begeistert!

Nachdem ich zwei Monate zu Hause gelebt hatte, wurde meine Scheidung bewilligt. Das war im September 1966. In dieser Zeit verschlechterte sich der geistige Zustand meiner Mutter von Tag zu Tag. Sie bekam jetzt heftige Anfälle, beschuldigte Kaufhauskassiererinnen, sie zu bestehlen, bedrohte Kollegen, die mit ihr arbeiteten, wegen bedeutungsloser Kleinigkeiten und trug in ihrer Handtasche ein Messer mit sich. Sie schrie und fluchte wegen allem und jedem. Ich erinnere mich deutlich an eine Nacht, in der sie mit einem Besen auf mich einschlug, weil ich den Fußboden im Bad nicht sauber genug gewischt hatte! Gleichzeitig war ich ständig darum bemüht, meinem Vater aus dem Weg zu gehen. Soweit möglich, vermied ich es, mit ihm allein zu sein.

Kurz, mein Leben war die Hölle.

Zur „Unterhaltung" ging ich an den Wochenenden in verschiedene Lokale. Ich vermute, ich war auf der Suche nach jemandem, der mich lieben würde. Ich trank ein paar Gläser, war aber selten betrunken. Ich habe mir nie wirklich etwas aus Trinken gemacht. Ich lehnte es auch ab, mit den Männern, die ich traf, zu schlafen. Obwohl mein Leben ein einziger Schlamassel war, hatte ich tief in mir den Wunsch, gut und rein zu sein.

Verwirrt, voller Angst, einsam, entmutigt und depressiv, betete ich oft: „Lieber Gott, bitte laß mich glücklich sein ... eines Tages. Schenk mir jemanden, der mich wirklich liebt – und sorge dafür, daß es jemand ist, der mich in die Gemeinde mitnimmt."

Mein Traummann

Meinen Eltern gehörte ein Zweifamilien-Haus, in dem sie auch selbst wohnten. Einer ihrer Mieter hatte einen Kollegen namens Dave Meyer. Eines Abends kam Dave, um seinen Freund zum Bowling abzuholen, als ich gerade das Auto meiner Mutter wusch. Er sah mich und versuchte, mit mir zu flirten, aber ich war wie immer sarkastisch. Er fragte mich, ob ich sein Auto waschen würde, wenn ich mit diesem fertig sei, und ich antwortete: „Wenn Sie möchten, daß Ihr Auto gewaschen wird, waschen Sie es selbst!" Aufgrund der Erfahrungen mit meinem Vater und meinem früheren Ehemann traute ich den Männern nicht mehr, und das ist noch stark untertrieben!

Dave jedoch war völlig von Gottes Geist geleitet. Er war wiedergeboren, im Heiligen Geist getauft, und er liebte Gott von ganzem Herzen. Mit 26 Jahren war er nun bereit zu heiraten, und er hatte sechs Monate lang gebetet, Gott möge ihn zu der richtigen Frau führen. Außerdem hatte er den Herrn darum gebeten, daß es eine Frau sein solle, der Hilfe brauchte!

Da Dave vom Herrn geführt war, beleidigte ihn mein Sarkasmus nicht, sondern ermutigte ihn eher. Später erzählte er seinem Kollegen, daß er gerne mit mir ausgehen würde. Ich lehnte zunächst ab, doch später änderte ich meine Meinung. Wir waren fünfmal zusammen aus gewesen, als Dave mich bat, seine Frau zu werden. Er sagte mir, er habe bereits bei unserer ersten Verabredung gewußt, daß er mich gern als seine Frau haben wollte, aber er habe sich ein paar Wochen mit seiner Frage zurückgehalten aus Furcht, mich zu erschrecken.

Ich für meinen Teil wußte sicherlich nicht, was Liebe ist, und war auch nicht erpicht darauf, eine neue Beziehung einzugehen. Doch da die Situation zu Hause immer schlimmer wurde und ich in ständiger Panik lebte, kam ich zu dem Schluß, daß es nur besser werden konnte!

Dave bat mich, mit ihm in die Gemeinde zu gehen, was ich gerne tat. Erinnere dich an mein Gebet: Eine Bitte war gewesen, wenn der Herr mir jemanden schenken würde, der mich liebte, sollte es ein Mensch sein, der mich in die Gemeinde mitnehmen würde. Ich wünschte mir sehr, ein christliches Leben zu führen, aber ich wußte, daß ich jemanden brauchte, der stark war und mich führte. Dave versprach mir auch, gut zu meinem kleinen Jungen zu sein, der zehn Monate alt war, als wir uns kennengelernt hatten. Ich hatte ihn David genannt, denn das war mein Lieblingsname für einen Jungen, und so hieß auch mein Bruder. Ich bin heute noch beeindruckt, wie der Herr mitten in meiner tiefsten Verzweiflung einen Plan zu meinen Gunsten ausgearbeitet hat!

Dave und ich wurden am 7. Januar 1967 getraut, aber wir waren danach nicht „glücklich bis in alle Ewigkeit"! Die Heirat löste meine Probleme nicht, und die Gemeinde half mir auch nicht dabei. Meine Probleme resultierten nicht aus meinem Leben zu Hause oder meiner Ehe, sondern aus meinen ureigenen verletzten und verkrüppelten Gefühlen.

Mißbrauch hinterläßt gefühlsmäßig behinderte Menschen, die unfähig sind, gesunde, andauernde Beziehungen zu unterhalten. Ich wollte Liebe geben und bekommen, aber ich war dazu selbst nicht in der Lage. Wie bereits mein Vater kontrollierte auch ich. Ich manipulierte, war zornig, kritisch und negativ, ging über andere Menschen hinweg und verurteilte sie. All das, womit ich aufgewachsen war, hatte ich angenommen. Von Selbstmitleid erfüllt, beleidigte und beschimpfte ich andere, war deprimiert und verbittert. Ich könnte fortfahren, meine Persönlichkeit zu beschreiben, aber ich denke, du kannst dir schon jetzt ein Bild machen.

Im gesellschaftlichen Bereich funktionierte ich. Ich arbeitete, Dave arbeitete. Wir gingen zusammen zur Gemeinde. Die meiste Zeit kamen wir miteinander aus, aber nur weil Dave extrem gutmütig war. Gewöhnlich ließ er mich gewähren, doch wenn nicht, wurde ich sehr wütend. In meinen Augen war alles vollkommen in Ordnung. Jeder andere hatte ein Problem – nur ich nicht!

Bedenke, daß ich wiedergeboren war. Ich liebte Jesus, und ich glaubte, daß meine Sünden vergeben waren und ich in den Himmel kommen würde, wenn ich starb. Aber ich erlebte keinen Sieg und weder Frieden noch Freude in meinem täglichen Leben. Obwohl ich glaubte, daß Christen normalerweise glücklich sind, war ich es sicher nicht! Ich wußte nicht, was Gerechtigkeit durch das Blut Jesu bedeutete. Ich fühlte mich immer verdammt. Ich war unbeherrscht. Ich haßte mich nur dann nicht, wenn ich auf ein persönliches Ziel hinarbeitete, von dem ich dachte, es könnte mein Selbstwertgefühl steigern.

Ich glaubte weiterhin, daß ich mich besser fühlen würde, wenn die *Umstände* oder *andere Menschen* sich ändern würden. Wenn mein Mann, meine Kinder, meine Finanzen, meine Gesundheit besser wären; wenn ich in Urlaub fahren könnte, ein neues Auto bekäme, ein neues Kleid kauften könnte; wenn ich aus dem Haus käme, einen Job finden würde, mehr Geld verdienen würde – dann wäre ich glücklich und ausgefüllt. Ich tat genau das, was in Jeremia 2, 13 beschrieben ist: Ich schöpfte in Brunnen, die das Wasser nicht hielten.

Ich machte den frustrierenden, tragischen Fehler, das Königreich Gottes (das nach Römer 14, 17 Gerechtigkeit, Frieden und Freude ist) in materiellen Gütern und Menschen zu suchen. Ich begriff nicht, was Jesus in Lukas 17, 20-21 lehrte und was der Apostel Paulus in seinem Brief an die Kolosser betonte, nämlich daß das Königreich in uns ist: „... Christus in euch, die Hoffnung der Herrlichkeit" (Kol. 1, 27). Meine Freude mußte „in Ihm" gefunden werden, doch ich brauchte noch viele Jahre, um das herauszufinden.

Schönheit statt Asche

Ich versuchte Gerechtigkeit zu verdienen, indem ich Gutes tat, durch Werke des Fleisches. Ich war im Evangelisationsteam und im Gemeindeausschuß. Mein Mann war Ältester in der Gemeinde. Unsere Kinder gingen zur Gemeindeschule. Ich versuchte alles richtig zu machen. Ich bemühte mich unablässig, und trotzdem kam es mir so vor, als ob ich es nicht verhindern konnte, Fehler zu machen. Ich war erschöpft und ausgebrannt, frustriert und unglücklich!

Ich hatte wirklich keine Ahnung, was das Problem war!

Es kam mir nie in den Sinn, daß ich aufgrund des jahrelangen Mißbrauchs und der Ablehnung, die ich erlebt hatte, litt. Ich dachte, ich hätte das alles hinter mir gelassen. Es war richtig, daß all diese Dinge mir nicht mehr körperlich passierten, aber doch war alles in meinen Gefühlen und meinem Geist abgespeichert. Ich spürte immer noch die Auswirkungen davon und verhielt mich entsprechend.

Ich brauchte emotionale Heilung!

Eigentlich war ich eine neue Schöpfung in Christus (2. Kor. 5, 17), aber ich hatte diese Tatsache noch nicht als Realität erlebt. Ich lebte aus meinem eigenen Verstand, Willen und meinen eigenen Gefühlen heraus, die alle gebrannt markt waren. Jesus hatte den Preis für meine totale Befreiung bezahlt, aber ich hatte keine Ahnung, wie ich sein kostbares Geschenk annehmen konnte.

3
Suchtverhalten durch Mißbrauch

Zuerst müssen wir erkennen, daß jede Frucht in unserem Leben (unser Verhalten) von irgendwo herkommt. Wenn ein Mensch gewalttätig ist, hat das einen Grund. Sein Verhalten ist die schlechte Frucht von einem schlechten Baum mit schlechten Wurzeln. Deshalb sage ich immer: *„Faulige Früchte kommen von Bäumen mit fauligen Wurzeln; gute Früchte kommen von Bäumen mit guten Wurzeln."*

Es ist wichtig, deine Wurzeln genau zu betrachten. Wenn sie unschön, schlecht oder schädlich sind, lautet die gute Nachricht, daß sie aus diesem schlechtem Boden ausgerissen und in die gute Erde von Jesus Christus eingepflanzt werden können, so daß du in Ihm und seiner Liebe verwurzelt und gegründet bist (Eph. 3, 17; Kol. 2, 7).

Jesus wird dich in sich selbst hineinverpflanzen. Du bist wie ein Ast eingepfropft in Ihn, die Wurzeln und die Reben (Joh. 15, 5). Du wirst all die Lebenskraft (all den Reichtum seiner Liebe und seiner Gnade) erhalten, die von Ihm fließt. Mit anderen Worten, wenn du während deiner Kindheit nicht bekamst, was du brauchtest, um gesund und heil zu sein, wird Jesus es dir gerne jetzt geben.

In meinem Leben gab es viele schlechte Früchte, die ich loswerden wollte. Ich strengte mich sehr an, mich korrekt zu verhalten. Doch wenn ich versuchte eine schlechte Verhaltensweise abzuschütteln, tauchten an anderer Stelle zwei oder drei andere auf – wie Unkraut. Ich schaffte es zwar im sichtbaren Bereich, aber ich kam nicht an die versteckte Wurzel des Problems heran. Die Wurzel war lebendig und verursachte nach wie vor neue Probleme.

Ist diese Darstellung für dich nachvollziehbar?

Zur Veranschaulichung gab mir der Herr folgendes Beispiel: Hast du schon einmal den Kühlschrank geöffnet und ein übler Geruch schlug

Schlechte Frucht kommt von verdorbenen Wurzeln.

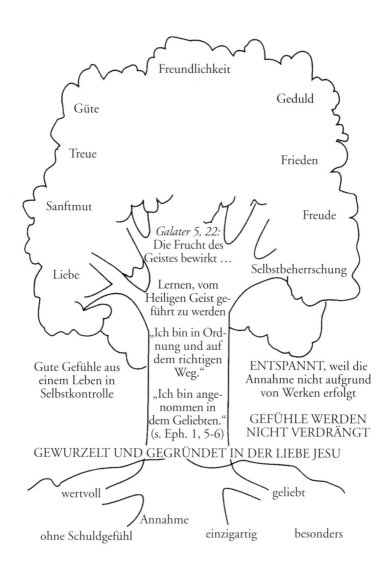

Gute Frucht kommt von guten Wurzeln

dir entgegen? Du wußtest, daß etwas Verdorbenes darin war, aber um herauszufinden, was den Gestank verursachte, mußtest du den gesamten Kühlschrank ausräumen.

Das selbe Prinzip kann man auf dein persönliches Leben anwenden. Wenn du emotionale Probleme hast, kommt das vielleicht daher, daß etwas tief in dir verdorben ist. Du mußt vielleicht erst einmal danach suchen, etwas herausholen und beiseite nehmen, um an das verdorbene Teil zu kommen und es dann zu entfernen, so daß alles sauber gemacht werden kann.

Wie bereits erwähnt, kann das Ausreißen der Wurzeln traumatisch und schmerzhaft sein. Verpflanzt, verwurzelt und gegründet zu werden ist ein Prozeß, der Zeit braucht. Wir erlangen Gottes Verheißungen durch Glauben und Ausharren (Hebr. 6, 12), also hab Geduld. Gott führt immer zu Ende, was Er beginnt (Phil. 1, 6). Er ist der Anfänger und der Vollender (Hebr. 12, 2).

Schlechte Frucht

Ich hatte soviel schlechte Frucht in meinem Leben, daß ich regelmäßig unter Depression, Pessimismus, Selbstmitleid, Jähzorn und Komplexen litt. Ich hatte einen kontrollierenden, dominierenden Geist. Ich war streng, hart, unbeugsam, gesetzlich und verurteilend. Ich hegte Groll und hatte Angst – vor allem davor, abgelehnt zu werden.

Ich war nach außen hin eine andere Person als in meinem Inneren. Ich gab vor, sehr zuversichtlich zu sein, und in gewisser Hinsicht war ich es auch. Doch ich hatte immer noch eine sehr geringe Selbstachtung, und meine sogenannte Zuversicht war nicht wirklich auf dem gegründet, was ich in Christus war, sondern darauf, anderen zu gefallen, auf meine Erscheinung, meinen Leistungen und anderen äußerlichen Faktoren. Viele Menschen denken, sie wären zufrieden, aber wenn man hinter die Kulissen schaut, sind sie in Wirklichkeit völlig verstört. Ich war verwirrt und litt an innerer Unruhe.

Gott sei Dank kann ich sagen, daß ich nie süchtig nach Drogen oder Alkohol wurde. Ich rauchte Zigaretten, aber ich war nicht abhängig von chemischen Substanzen. Alkohol schmeckte mir einfach nicht.

Suchtverhalten durch Mißbrauch

Ich trank ein paar Gläser, doch sobald ich beschwipst war, hörte ich sofort auf.

Ich hatte mich immer sehr gut unter Kontrolle. Es entsprach einfach nicht meiner Persönlichkeit, mich von irgend etwas beherrschen zu lassen, deshalb machte ich um Drogen einen großen Bogen. Ich glaube, die Tatsache, daß mein Vater mein Leben so lange tyrannisiert hatte, festigte die Entscheidung in mir, daß nichts und niemand mehr das tun solle. Obwohl ich meine inneren Probleme nicht im Griff hatte, war ich doch klug genug, mich von Dingen fernzuhalten, die mich süchtig machen könnten.

Ich nahm eine Zeitlang Diätpillen, weil ich immer um die 25 Pfund Übergewicht hatte. Obwohl sie mir von einem Arzt verschrieben wurden, machten sie mich „high". Es waren Amphetamine, und ich hatte keine Ahnung, daß sie schädlich waren. Ich liebte das Gefühl, das sie mir jeden Tag gaben! Wenn ich die Pillen genommen hatte, konnte ich arbeiten wie ein Tier, das Haus putzen, kreativ und freundlich sein; ich war in Hochstimmung! Aber wenn die Wirkung nachließ, war ich erschöpft.

Obwohl ich kein Gramm Gewicht verlor, wirkten sich die Pillen auf meinen Appetit aus – bis die Wirkung nachließ. Ich aß den ganzen Tag nichts, aber nachts war mir so übel, daß ich alles nachholte, was ich tagsüber versäumt hatte. Ich weiß noch, daß ich mit dem Gedanken spielte, mir ein neues Rezept zu holen, aber tief in mir wußte ich, daß ich von den Pillen auf Dauer süchtig werden würde, deshalb verzichtete ich darauf.

Heute ist mir klar, daß ich die Fähigkeit besaß, Dinge zu meiden, die mich zerstört hätten, weil ich Jesus mit neun Jahren angenommen hatte. Auch wenn ich nicht wußte, wie ich eine richtige Beziehung zum Herrn aufbauen sollte, war Er immer bei mir und half mir auf eine Art, die ich damals aus Mangel an Erkenntnis nicht verstand. Jahre später wurden mir diese Segnungen offenbar.

Ich weiß, daß Gottes Güte und Gnade mich vor ernsten Problemen wie Kriminalität, Drogen, Alkoholismus und Prostitution bewahrt haben. Ich bin dem Herrn dankbar und noch immer voller Ehrfurcht darüber, wie Er mich beschützt hat. Doch obwohl ich diese Probleme nicht hatte, hatte ich eine Menge andere. Verdorbene Wurzeln verursachten meine schlechte Frucht in meinem Leben.

Täuschung

Ich fühlte mich elend und war sehr unglücklich. Aber immer gab ich – wie viele andere Menschen auch – vor, alles sei in Ordnung. Wir täuschen andere aus Rücksichtnahme, weil wir nicht wollen, daß sie über unser Elend Bescheid wissen. Aber wir täuschen uns auch selbst, damit wir uns den Schwierigkeiten nicht stellen und damit umgehen müssen.

Ich glaube, ich verstand erst dann, wie erbärmlich es um mich stand, als ich mich einige Zeit mit dem Wort Gottes befaßt und einige Erfahrungen bezüglich emotionaler Heilung gemacht hatte. Wenn ein Mensch niemals wirkliches Glück kennengelernt hat, wie sollte er da wissen, was ihm fehlt? Ich kann mich nicht erinnern, als Kind jemals völlig entspannt und wirklich glücklich gewesen zu sein. Ich glaube nicht, daß jemand das Leben genießen kann, wenn er in ständiger Angst lebt.

Ich erinnere mich, wie Dave nach unserer Hochzeit eines Abends von seiner Kindheit erzählte. Er war mit sieben Brüdern und Schwestern aufgewachsen. Es war soviel Liebe in ihrem Zuhause, und sie hatten eine Menge Spaß als Kinder – sie verbrachten den Sommer auf dem Land, machten Picknicks und Ballspiele, hatten Freunde und eine gläubige Mutter, die mit ihnen spielte und ihnen von Jesus erzählte. Sie hatten nicht viel Geld, weil Daves Vater wegen seiner Alkoholsucht an einer Lebererkrankung gestorben war. Doch der Einfluß, die Gebete und das christliche Beispiel von Daves Mutter hatten die Familie beschützt.

Sie hatten die Liebe, die jeder von uns braucht und für die wir geschaffen sind.

Als Dave über all die guten Zeiten, die er und seine Familie erlebt hatten, mit mir sprach und mir sagte, wie sehr er die Jahre seiner Jugend genossen hatte, hatte ich plötzlich eine Erkenntnis, die mir mißfiel. Ich konnte mich nicht daran erinnern, als Kind jemals glücklich gewesen zu sein! Etwas, was ich nie zurückerhalten würde, war mir gestohlen worden. Ich fühlte mich entsetzlich betrogen. Vielleicht empfindest du dasselbe. Wenn das so ist, wird Gott auch für dich tun, was Er für mich getan hat. Er wird dich dafür entschädigen! Er selbst wird deine Belohnung sein und dir zurückgeben, was du verloren hast.

Mir wurde klar, daß ich mit dem Selbstbetrug aufhören und der Wahrheit ins Auge sehen mußte. Ich hatte immer noch einige Suchtverhaltensmuster aus meiner Vergangenheit. Da weder Dave noch meine Kinder für meine Vergangenheit verantwortlich waren, war es unfair, sie weiterhin unter etwas leiden zu lassen, an dem sie absolut keine Schuld hatten.

Suchtverhalten

Die verschiedenen Formen von Suchtverhalten, die sich aus Mißbrauch entwickeln können, sind vermutlich unzählig, deshalb sind hier nur einige aufgelistet:

Abhängigkeit von Suchtmitteln
Alkohol
Drogen (illegal oder auf Rezept)

Besessenheit von Geld
Verschwendungssucht
Geld horten

Eßstörungen
Bulimie (Eß-Brech-Sucht)
Anorexie (Magersucht)
Fettleibigkeit durch Freßsucht

Beachte: Manche Menschen, die häufig ihre Partner gewechselt haben, bleiben dick, um unattraktiv zu sein. Sie fürchten, der Versuchung wieder zu erliegen. Die, die keine Liebe bekommen haben, essen vielleicht, um sich für das zu entschädigen, was sie nicht bekamen.

Gefühlsmäßige Abhängigkeiten
Wut
Traurigkeit
Angst
Hyperaktivität

religiöse Selbstgerechtigkeit
Fröhlichkeitstick (ständig ein aufgesetztes Lächeln zeigen; nie zornig werden; Lachen an unpassender Stelle; nur von erfreulichen Dingen sprechen)

Gedankliche Abhängigkeiten
auf Einzelheiten herumhacken
sich Sorgen machen
ununterbrochen reden
lüsterne Gedanken
rastloses Nachdenken (pausenlos darüber nachdenken, was man sagen und tun soll, wie man reagieren soll usw.)

Aktivismus
Arbeit
Sport
Lesen
Glücksspiel
Fernsehen
Halten und Pflegen einer immensen Anzahl von Haustieren

Zwänge im Bereich des Willens
Kontrollieren – Kontrollierende Menschen müssen ihren Willen in jeder Situation durchsetzen. Sie können ihre Emotionen nicht der Logik oder Vernunft unterordnen. Sie fühlen sich nur sicher, wenn sie alles unter Kontrolle haben.

Kontrolliert – Diese Menschen werden so passiv, daß sie ihren Willen dem anderer Menschen unterwerfen und alles tun, was ihnen gesagt wird. Sie können sogar besessen oder heftig unterdrückt werden, wenn der Teufel ihren Willen unter Kontrolle bekommt. Sie schämen sich ihrer selbst so sehr, daß sie denken, sie haben nichts verdient – nicht einmal einen freien Willen.

Wiederholungszwänge – Diese Abhängigen projizieren ihren eigenen Mißbrauch auf ihre Kinder, oder sie bringen sich selbst als Erwachsene wiederholt in dieselben Situationen, die ihnen als Kind bereits widerfahren sind. Ein ähnlicher Vorfall erzeugt in ihnen eine „Rückblende", und sie nehmen die Rolle des Täters an, um nicht erneut den schmerzvollen Erinnerungen ihrer Opferrolle ausgesetzt zu sein.

Suchtverhalten durch Mißbrauch

Beispiel: Ein Mann, der in seiner Kindheit von seinem Vater geschlagen wurde, wird als Ergebnis von „Rückblenden" der alten Szenerie möglicherweise seine eigenen Kinder körperlich mißhandeln und aus Angst, selbst wieder mißbraucht zu werden, die Rolle des Täters annehmen. Eine Frau, die körperlich, sexuell oder verbal von ihrem Vater mißbraucht wurde, wird vielleicht einen Mann – oder sogar mehrere Männer in Folge – heiraten, der sie genauso behandelt. Sie wird glauben, daß sie es nicht besser verdient hat oder daß sie es verdient, mißhandelt zu werden. Sie wird möglicherweise sogar selbst dafür sorgen, mißhandelt zu werden, indem sie denjenigen, der sie mißbraucht, provoziert.

Helfer-Syndrom – Manche Menschen finden ihre Erfüllung darin, sich um andere zu kümmern, die sie brauchen. Sie fühlen sich so wertlos, daß sie süchtig danach werden, für andere zu sorgen, ihnen zu helfen, Menschen zu gefallen und nett zu sein, weil sie sich dann gut fühlen.

Geschaffen, um innerlich glücklich zu sein

Wir wurden von Gott erschaffen, um uns gut und gerecht zu fühlen. Es ist eine Tatsache, daß wir uns gut fühlen müssen, sonst werden wir letztendlich unkontrollierte Verhaltensweisen entwickeln, die in uns „gute Gefühle" erzeugen, wenn auch nur für eine kurze Weile.

Denk darüber nach. Ein Süchtiger hat vermutlich damit angefangen, Drogen zu nehmen, weil sein Schmerz so intensiv war, daß er ihn loswerden mußte und er sich in Hochstimmung versetzen wollte, wenigstens eine Zeitlang. Dasselbe Schema liegt dem Alkoholismus zugrunde. Auch Essen ist für viele Menschen ein Trost. Essen ist genußbringend, man fühlt sich gut, während man damit beschäftigt ist. Viele Menschen, die Eßstörungen haben, sehnen sich verzweifelt nach Liebe. Sie möchten sich gut fühlen. Wenn wir aus unserem Inneren keine guten Gefühle bekommen, werden wir sie woanders suchen.

Wenn du selbst Suchtverhalten an dir entdeckt hast, hilft dir dieses Kapitel vielleicht, die Wurzel des Problems zu erkennen. Du kannst dein ganzes Leben damit verbringen, dich mit deinem äußeren Ver-

Schönheit statt Asche

halten zu befassen (der schlechten Frucht), doch wird das Problem an anderer Stelle wieder hervorbrechen, wenn die Wurzel nicht behandelt wird.

4
Endlich geliebt

Wenn du mißbraucht worden bist, hast du jetzt vermutlich einige Problembereiche in deinem Leben erkannt. Es wäre verheerend, Probleme aufzuzeigen, ohne eine Lösung anzubieten. Wenn ich das tun würde, wärst du hinterher frustrierter als vor dem Lesen dieses Buches.

Ich möchte die wichtigsten Wahrheiten umreißen, die Heilung in mein eigenes Leben brachten. Dabei möchte ich dich daran erinnern, daß, wie der Apostel Petrus in Apostelgeschichte 10, 34 schreibt, „Gott die Person nicht ansieht". Was Er für den einen tut, wird Er auch für den anderen tun, sofern es sich um eine Verheißung aus seinem Wort handelt.

Der Heilungsprozeß

Mein erster Mann wußte nicht, wie man liebt, deshalb erhielt ich während unserer Beziehung überhaupt keine Liebe von ihm. Obwohl mein wundervoller zweiter Mann, Dave, mich wirklich liebte, wußte ich immer noch nicht mehr darüber als früher, wie man Liebe annimmt. Ich war hin- und hergerissen. Einerseits lehnte ich seine Liebe ab und schloß ihn aus meinem Leben aus, indem ich Mauern um mich herum aufbaute. Dadurch wollte ich mich gegen neue Verletzungen absichern (jedenfalls dachte ich das). Andererseits versuchte ich ihn dazu zu bringen, mich mit einer perfekten und vollkommenen Liebe zu lieben, was menschlich jedoch unmöglich für ihn war.

Im 1. Johannes 4, 18 lesen wir, daß die vollkommene Liebe die Furcht austreibt. Nur Gott kann vollkommen und ohne Fehler lieben. Wie sehr ein Mensch einen anderen auch lieben mag, er ist und bleibt ein Mensch. Der Herr sagte ja bereits: „… Der Geist zwar ist willig, das Fleisch aber schwach" (Mt. 26, 41). Menschen enttäuschen andere Menschen immer – ihre Liebe ist nicht vollkommen aus dem einfachen Grund, weil das ein Teil des menschlichen Wesens ist.

Schönheit statt Asche

Ich wollte, daß Dave mir etwas gab, das mir nur Gott geben konnte: ein Selbstwertgefühl. Mein Mann sollte mich total lieben und mich perfekt behandeln, damit ich mich gut fühlen konnte. Immer, wenn er versagte, mich enttäuschte oder verletzte, baute ich Mauern zwischen uns auf und ließ ihn tage- oder auch wochenlang nicht an mich heran.

Viele Menschen, die mißbraucht wurden, sind nicht in der Lage, gesunde, andauernde Beziehungen zu unterhalten, denn entweder wissen sie nicht, wie sie Liebe annehmen können, oder sie erwarten von ihrem Ehepartner, daß er ihnen gibt, was nur Gott geben kann. Die daraus resultierende Frustration führt oft zum Ruin der Ehe.

Dasselbe Prinzip kann auf Freundschaften angewendet werden. Eines Tages kam während eines Gebetstreffens eine Frau zu mir und sagte: „Joyce, hilf mir. Ich bin so einsam. Jedes Mal, wenn ich einen neuen Freund habe, vergraule ich ihn." Diese Dame war so ausgehungert nach Liebe, daß sie, sobald sie jemanden fand, der sie überhaupt beachtete, versuchte, durch diese Person das Defizit aus ihrer Vergangenheit auszugleichen, obwohl ihr neuer Bekannter ihr nichts schuldete. Verständlicherweise suchte der Betreffende für gewöhnlich schnellstens das Weite.

Gottes grenzenlose, bedingungslose und vollkommene Liebe

Als ich eines Tages in der Bibel las, fiel mir diese Aussage im 2. Korinther 5, 7 (*Amplified*) auf: „Denn wir wandeln durch Glauben, [das heißt, wir richten unser Leben und unsere Verhaltensweise nach unserer Überzeugung oder unserem Glauben aus, indem wir die Beziehung des Menschen zu Gott und göttliche Dinge anerkennen, im Vertrauen und mit heiligem Eifer; denn wir gehen] nicht durch Schauen oder nach dem Anschein."

An dieser Stelle unterbrach mich der Heilige Geist und fragte mich: „Joyce, was denkst du über deine Beziehung zu Gott? Glaubst du, daß Er dich liebt?"

Endlich geliebt

Nachdem ich mein Herz überprüft und das Wort Gottes zu diesem Thema studiert hatte, kam ich zu dem Schluß, daß Gott mich liebte, aber *bedingt*.

Die Bibel lehrt jedoch, daß Gott uns vollkommen und bedingungslos liebt. Seine unendliche Liebe zu uns basiert nicht auf unserer Vollkommenheit, sondern ausschließlich auf Ihm selbst. Gott ist Liebe (1. Jo. 4, 8). Liebe ist nicht Gottes Beschäftigung, Er ist die Liebe in Person. Gott liebt uns immer, aber wir hören oft auf, seine Liebe *anzunehmen*, besonders wenn unser Verhalten nicht in Ordnung ist.

Ich möchte an dieser Stelle einige Schriftstellen anführen, die mir sehr wichtig geworden sind. Bitte nimm dir die Zeit, sie langsam zu lesen. Überdenk sie und laß sie zu einem Teil von dir werden:

Und wir wissen um (verstehen, erkennen, sind uns bewußt durch Beobachtung und Erfahrung) und glauben an (halten daran fest, vertrauen darauf und verlassen uns auf) die Liebe, *die Gott für uns hegt. Gott ist* Liebe, *und wer in der* Liebe *bleibt, bleibt in Gott, und Gott bleibt in ihm. Darin [im Bund und in der Gemeinschaft mit ihm] wird die* Liebe *zur Vollendung gebracht und gelangt in uns zur Vollkommenheit, damit wir Zuversicht haben im Hinblick auf den Tag des Gerichts [ihm mit Zuversicht und Kühnheit zu begegnen], denn wie er ist, sind auch wir in dieser Welt. Furcht ist nicht in der* Liebe *[Schrecken existiert nicht], aber ausgereifte (vollständige, vollkommene)* Liebe *treibt die Furcht zur Tür hinaus und vertreibt jede Spur von Schrecken! Denn die Furcht rechnet mit Strafe, wer sich aber fürchtet, ist nicht vollendet in der* Liebe *[ist noch nicht völlig in die Vollkommenheit der Liebe hineingewachsen]. Wir* lieben *ihn, weil er uns zuerst* geliebt *hat.*

1. Johannes 4, 16-19 (*Amplified*)

Hierin ist die Liebe *Gottes zu uns geoffenbart worden, daß Gott seinen eingeborenen Sohn in die Welt gesandt hat, damit wir durch ihn leben möchten. Hierin ist die* Liebe: *Nicht daß wir Gott* geliebt *haben, sondern daß er uns* geliebt *und seinen Sohn gesandt hat als eine Sühnung für unsere Sünden. Geliebte, wenn Gott uns so* geliebt *hat, sind auch wir schuldig, einander zu* lieben.

1. Johannes 4, 9-11

Schönheit statt Asche

Wer wird uns scheiden von der Liebe Christi? Bedrängnis oder Angst oder Verfolgung oder Hungersnot oder Blöße oder Gefahr oder Schwert?

Römer 8, 35

Denn ich bin überzeugt, daß weder Tod noch Leben, weder Engel noch Gewalten, weder Gegenwärtiges noch Zukünftiges, noch Mächte, weder Höhe noch Tiefe, noch irgendein anderes Geschöpf uns wird scheiden können von der Liebe Gottes, die in Christus Jesus ist, unserem Herrn.

Römer 8, 38-39

... daß der Christus durch den Glauben in euren Herzen wohne und ihr in Liebe gewurzelt und gegründet seid, damit ihr imstande seid, mit allen Heiligen völlig zu erfassen, was die Breite und Länge und Höhe und Tiefe ist, und zu erkennen die die Erkenntnis übersteigende Liebe des Christus, damit ihr erfüllt werdet zur ganzen Fülle Gottes.

Epheser 3, 17-19

... die Hoffnung aber läßt nicht zuschanden werden, denn die Liebe Gottes ist ausgegossen in unsere Herzen durch den Heiligen Geist, der uns gegeben worden ist.

Römer 5, 5

Siehe, in meine beiden Handflächen habe ich dich eingezeichnet ...

Jesaja 49, 16

1. Johannes 4, 16 war eine Schlüsselstelle für mich, weil sie aussagt, daß *wir uns Gottes Liebe bewußt sein und an sie glauben sollen.* Mir war Gottes Liebe nicht bewußt, deshalb konnte ich keinen Glauben daran haben.

Wenn der Teufel mich anklagte, wußte ich nicht, wie ich sagen sollte: „Ja, ich habe einen Fehler gemacht", um dann zu Gott zu gehen und Ihn um Vergebung zu bitten, seine Liebe zu empfangen und weiter vorwärts zu gehen. Statt dessen verbrachte ich Stunden und Tage damit, mich wegen jeder Kleinigkeit, die ich falsch gemacht hatte, schuldig zu fühlen. Ich war buchstäblich gepeinigt! Johannes sagt, daß Furcht Qual bedeutet, aber daß die vollkommene Liebe Gottes die Furcht austreibt. (1. Jo. 4, 18.) Gottes Liebe zu mir war vollkommen, weil sie auf Ihn gegründet war, nicht auf mich. Deshalb hörte Er nicht auf mich zu lieben, auch wenn ich versagt hatte.

Gottes Liebe für dich ist vollkommen – und bedingungslos. Auch wenn du versagst, liebt Er dich noch immer, weil seine Liebe nicht auf dich, sondern auf Ihn gegründet ist. Kannst du dagegen Gottes Liebe nicht mehr empfangen und strafst du dich selbst, indem du dich schuldig und verdammt fühlst, wenn du versagt hast? Ich fühlte mich die ersten 40 Jahre meines Lebens schuldig und schlecht. Ich trug meine Schuld mit mir herum, wohin ich auch ging. Es war eine schwere Last, die mich ständig begleitete. Ich machte regelmäßig Fehler und fühlte mich deswegen schuldig.

Im Römer 8, 33-35 (*Amplified* in Klammern) sagt der Apostel Paulus:

Wer wird gegen Gottes Auserwählte Anklage erheben? Gott ist es, der rechtfertigt [, er setzt uns in die richtige Beziehung zu ihm]. Wer ist, der verdamme? Christus Jesus ist es, der gestorben, ja noch mehr, der auferweckt, der auch zur Rechten Gottes ist, der sich auch für uns verwendet. Wer wird uns scheiden von der Liebe Christi ...

Du siehst, es ist das Ziel des Teufels, uns von der Liebe Gottes zu trennen, denn Gottes *Liebe ist der Hauptfaktor, wenn es um deine emotionale Heilung geht.*

Wir sind geschaffen für die Liebe. In Epheser 2, 4-6 sagt Paulus, daß Gott soviel Gnade schenkt, daß Er uns gerettet und uns gegeben hat, was wir nicht verdient haben, um das Verlangen nach seiner *intensiven* Liebe zu uns zu stillen. Denk darüber nach: Gott will uns lieben. Er *muß* uns lieben – Er *ist* Liebe!

Du und ich, wir sind erschaffen für die Liebe! Die Sünde trennte uns von Gott, aber Er liebte uns so sehr, daß Er seinen einzigen Sohn, Jesus, gesandt hat, um für uns zu sterben, uns zu erlösen, uns zurückzukaufen, damit Er seine große Liebe über uns ausgießen konnte. Alles, was wir tun müssen, ist zu glauben, was die Bibel über unsere Beziehung zu Gott sagt. Sobald wir das tun, kann der Heilungsprozeß beginnen.

Während des ersten Jahres unseres Dienstes *Life In The Word* lehrte mich der Heilige Geist über Gottes Liebe. Ich führte ein Tagebuch,

Das Abhängigkeitsschema bedingungsloser Liebe

Jesus liebt mich, das weiß ich.
Er liebt mich bedingungslos.
DESHALB basiert seine Liebe für mich auf dem, wer *ER* ist.
DESHALB habe ich seine Liebe weder verdient, noch kann ich sie mir verdienen.
DESHALB kann ich von seiner Liebe nicht getrennt werden.
Wenn ich Ihm gehorche, wird Er mich segnen.
Wenn ich nicht gehorche, wird das Auswirkungen auf mein Verhalten haben.
Er mag vielleicht mein Verhalten nicht, aber Er liebt mich trotzdem.
DESHALB: Weil ich Gottes Liebe erfahren habe, weiß ich, daß ich liebenswert bin.

DESHALB: Weil ich weiß, daß mich liebt, kann ich glauben, daß es Menschen gibt, die mich auch lieben.

DESHALB kann ich Menschen vertrauen, die mich aufrichtig lieben.

DESHALB kann ich die Liebe annehmen, die mir diese Menschen geben.

DESHALB, weil meine Grundbedürfnisse an Liebe und Selbstwertgefühl von Gott gestillt wurde, brauche ich keine Bestätigung von anderen Menschen.

DESHALB glaube ich, obwohl ich Bedürfnisse habe, die ich bei anderen Menschen zu stillen versuche, daß diese Bedürfnisse ausgeglichen und von Gott gegeben sind (z. B. Gemeinschaft, Zuneigung, Spaß). Ich versuche bei der Einschätzung meiner Bedürfnisse und dem Bitten darum, ehrlich zu sein.

DESHALB erwarte ich von anderen Menschen, ehrlich zu mir zu sein. Ich kann mit Kritik oder Konfrontation umgehen, wenn es in Liebe geschieht.

DESHALB: Weil ich weiß, daß ich Gottes besondere und einzigartige Schöpfung bin, weiß ich, daß die Liebe, die ich zu geben habe, wertvoll ist.

DESHALB muß ich anderen nichts vorspielen. Entweder lieben sie mich, wie ich bin, oder nicht. Es ist wichtig für mich, als der Mensch geliebt zu werden, der ich bin.

DESHALB brauche ich mich nicht darum zu kümmern, was andere *ÜBER MICH* denken und kann mich auf andere Menschen und *IHRE BEDÜRFNISSE* konzentrieren.

DESHALB bin ich fähig, eine gesunde, liebevolle, andauernde Beziehung aufrechtzuerhalten.

Das Abhängigkeitsschema bedingter Liebe

Jesus liebt mich, aber …
Er liebt mich bedingt.
DESHALB: Seine Liebe ist abhängig von meiner Leistung.
DESHALB: Ich muß mir seine Liebe verdienen, indem ich Ihm gefalle.
DESHALB: Wenn ich Ihm gefalle, fühle ich seine Liebe. Wenn ich Ihm nicht gefalle, fühle ich mich abgelehnt.
DESHALB: Wenn Gott, der alles Liebende, mich nicht immer liebt, annimmt und wertschätzt,
wie kann man von mir erwarten zu glauben, daß ich wertvoll und liebenswert bin?
DESHALB: Ich glaube nicht, daß ich eine grundsätzlich liebenswerte und wertvolle Person bin.

DESHALB bin ich nicht in der Lage, anderen Menschen, die sagen, sie würden mich lieben, zu vertrauen. Ich mißtraue ihren Motiven oder stelle mir vor, daß sie mein wahres Ich nicht kennen.

DESHALB kann ich Liebe von anderen Menschen nicht annehmen. Ich lasse sie an mir abprallen. Ich versuche zu beweisen, daß ich recht habe – daß ich NICHT liebenswert bin und daß sie mich letztendlich ablehnen werden.

DESHALB tun sie es für gewöhnlich.

DESHALB richte ich mich nach weltlichen Maßstäben (Geld, Status, Kleider usw.), um mir und anderen zu beweisen, daß ich *WERTVOLL* bin. Ich brauche Streicheleinheiten und Feedback von anderen Menschen, um mir und anderen zu beweisen, daß ich *LIEBENSWERT* bin.

DESHALB brauche ich jeden Tag meine Streicheleinheiten, um mich gut zu fühlen.

DESHALB suche ich bei anderen, was nur Gott mir geben kann: ein *SELBSTWERTGEFÜHL*.

DESHALB stelle ich an Menschen, die mich lieben, unmögliche Forderungen. Ich frustriere sie. Ich bin nie zufrieden mit dem, was sie mir geben und erlaube nicht, daß sie mich ehrlich konfrontieren. Ich bin fixiert auf mich, und ich erwarte, daß sie das auch tun.

DESHALB, weil ich mich nicht liebe, wie ich *BIN*, erwarte ich auch nicht, daß andere mich lieben. Warum sollte irgend jemand etwas haben wollen, das keinen wirklichen Wert hat.

DESHALB versuche ich mir ihre Liebe durch das, was ich *TUE*, zu verdienen. Ich gebe nicht aus dem Wunsch heraus zu lieben, sondern *GELIEBT ZU WERDEN*. Das meiste, was ich tue, ist eigennützig, deshalb fühlen sich die Menschen, die ich zu lieben vorgebe, nicht wirklich geliebt. Sie fühlen sich manipuliert. Ich versuche, Ablehnung zu vermeiden, statt eine Liebesbeziehung aufzubauen.

DESHALB bin ich nicht in der Lage, eine gesunde, liebevolle, andauernde Beziehung aufrechtzuerhalten.

Schönheit statt Asche

in dem ich all die besonderen Dinge festhielt, die der Herr während dieser Zeit für mich getan hat – meist kleine, persönliche Erlebnisse, die mir zeigten, daß Gott bei mir war. Durch diese Methode wurde ich mir seiner bedingungslosen Liebe immer bewußter. Es half mir, stets daran zu denken, daß Gott mich liebte.

Wenn du glauben kannst, daß Gott, der vollkommen ist, dich liebt, dann kannst du auch glauben, daß du es wert bist, geliebt zu werden.

Sobald du glaubst, daß du von Gott angenommen bist und geliebt wirst, kannst du dich selbst annehmen und lieben. Dann wirst du nicht nur Gott, sondern auch andere Menschen ebenso lieben.

Du kannst nicht weitergeben, was du nicht hast!

Viele Menschen nehmen Jesus in ihr Leben auf und versuchen sofort, jeden zu lieben. Allzuoft endet das damit, daß sie sich verdammt fühlen, weil sie feststellen, daß sie es nicht können. Es ist unmöglich, andere wirklich zu lieben, ohne zuerst selbst Gottes Liebe anzunehmen, denn sonst hat man keine Liebe die man geben kann.

In 1. Korinther 13 (*Amplified*), das oft auch das „Liebeskapitel" genannt wird, bringt Paulus diese Wahrheit ganz klar zum Ausdruck. In Vers 1 definiert er Liebe als „... [wohldurchdachte, absichtliche, geistliche Hingabe, *die von Gottes Liebe für und in uns inspiriert ist*] ..." Das gesamte Kapitel konzentriert sich darauf, uns zu lehren, in Liebe zu leben, wobei es uns ganz klar darauf hinweist, daß die Liebe zuerst in uns sein muß.

Die meisten Menschen glauben, daß Gott sie liebt, wenn sie fühlen können, daß sie seine Liebe verdienen. Probleme tauchen dann auf, wenn sie das Gefühl haben, daß sie Gottes Liebe nicht verdienen und sie doch verzweifelt benötigen.

Die folgende Aufstellung illustriert, welche Auswirkungen es hat, wenn wir Gottes Liebe annehmen und wenn wir sie nicht annehmen. Beachte, daß die Vorstellung, Gottes Liebe zu uns hinge von unserer Würdigkeit ab, eine Irreführung ist, die *viele* Probleme in unserem Leben verursacht. Auf der anderen Seite bringt uns der Glaube an Gottes bedingungslose Liebe viel Freude und Segen.

Endlich geliebt

Gottes Liebe annehmen

Ich schlage dir vor, dich dafür zu entscheiden, daß du Gottes Liebe empfangen wirst. Hier sind einige praktische Vorschläge, um dir dabei zu helfen. Es sind alles Anweisungen, die der Herr mir aufgetragen hat, und ich glaube, sie werden auch für dich hilfreich sein. Behalte dennoch im Gedächtnis, daß wir alle besonders und einzigartig sind und daß Gott einen individuellen, persönlichen Plan für jeden von uns hat.

Halte dich nicht mit irgendwelchen Methoden auf!

1. Sag dir selbst in Gedanken und laut: „Gott liebt mich." Sag es, und laß es auf dich wirken. Wiederhole es oft: Wenn du am Morgen aufwachst, wenn du abends ins Bett gehst, und den ganzen Tag über. Schau in den Spiegel, zeig auf dich selbst, nenne deinen Namen und sag: „_____, Gott liebt dich."

2. Führe ein Tagebuch zur Erinnerung an die speziellen Dinge, die Gott für dich tut. Halte kleine und große Ereignisse fest. Lies diese Liste mindestens einmal pro Woche durch, und du wirst ermutigt werden. Laß dieses Buch ein Projekt des Heiligen Geistes werden. Ich glaube, du wirst Spaß daran haben – so wie ich.

3. Lies dir zu deiner Erinnerung mehrere Schriftstellen über die Liebe Gottes laut vor, und lerne sie auswendig.

4. Lies einige gute Bücher über die Liebe Gottes. Ich empfehle dir, mit einem zu beginnen, das ich geschrieben habe. Es hat den Titel *Tell Them I Love Them* (Sag ihnen, daß ich sie liebe).

5. Bitte den Heiligen Geist, Er möge dir die Liebe Gottes offenbaren.

5
Laß dich vom Heiligen Geist leiten

Wenn Menschen zu dem Schluß kommen, daß sie emotionale Heilung brauchen und daß viele ihrer Probleme die Frucht schlechter Wurzeln aus ihrer Vergangenheit sind, haben sie oft Angst davor, die Ursachen direkt anzugehen, obwohl das der erste Schritt auf dem Weg zu ihrer Heilung wäre.

Das ist verständlich, aber es ist wichtig, dem Heiligen Geist zu erlauben, dich in den Heilungsprozeß zu führen und anzuleiten. Gott hat Jesus Christus auf die Erde gesandt; damit ist der Preis für deine vollständige Heilung bereits bezahlt. Als sein Wille vollendet war, schickte Gott seinen Heiligen Geist, um das zu verwalten, was durch das Blut seines Sohnes erkauft worden ist.

In Johannes 16, 7 erklärte Jesus seinen Jüngern, daß es besser für sie sei, wenn Er zu seinem Vater ginge, denn wenn Er auf der Erde bliebe, könne der Beistand nicht kommen. Der Beistand ist der Heilige Geist. In der Erweiterten Übersetzung der Bibel wird Er der „Ratgeber, Helfer, Fürsprecher, Vermittler, Kraftspender und Beistand" genannt. Während deines Heilungsprozesses wirst du in jedem Detail erfahren, wie der Heilige Geist dir dient.

Nimm nur guten Rat an!

Renne nicht herum und suche bei jedem x-beliebigen Menschen Rat. Bete zuerst und frage den Herrn, ob es sein Wille ist, daß du dir bei einem Menschen Rat holst, oder ob er selbst dich beraten möchte.

Ich hatte unzählige Probleme in meinem Leben, dennoch ging ich, bis auf eine Ausnahme, nie zu jemand anderem, um mir Rat zu holen. Bei dieser Gelegenheit ging ich zu einer Frau, die im vollzeitlichen Dienst stand und die selbst mißbraucht worden war. Ich möchte sie nicht herabsetzen, aber sie war nicht in der Lage, mir zu helfen. Es war nicht ihre Schuld; sie hatte einfach nicht die Salbung des Herrn dafür.

Gott ist nicht verpflichtet zu salben, was Er nicht ins Leben gerufen hat.

Menschen suchen oft bei anderen Hilfe und folgen nicht der Führung des Heiligen Geistes, doch daraus entsteht niemals gute, andauernde Frucht.

In Zeiten der Not, lauf zum Thron, und nicht zum Telefon!

Damit will ich nicht sagen, daß es falsch ist, Rat zu suchen. Ich schlage nur vor, daß du zuvor betest und dem Herrn erlaubst, dich durch den Heiligen Geist zu führen. Laß Ihn den richtigen Ratgeber für dich auswählen. Nur weil ein Mensch dasselbe durchgemacht hat wie du oder weil er ein enger Freund ist, bedeutet das nicht, daß er der richtige Ansprechpartner für dich ist. Ich wiederhole: *Bete!*

Ich sage bestimmt *nicht*, du sollst keinen Rat suchen, nur weil ich es nicht getan habe. Jeder von uns hat seine eigene Persönlichkeitsstruktur. Ich habe eine starke, entschlossene, selbstdisziplinierte und zielstrebige Persönlichkeit. Diese Charakterzüge haben mir geholfen, mich beharrlich auf mein Ziel der emotionalen Heilung hinzubewegen. Andere brauchen vielleicht jemanden, der ihnen hilft, ein Stück weiterzukommen, und sie dabei unterstützt, sich Ziele zu setzen und beständig nach diesen Zielen zu streben.

Es ist wesentlich, der Führung des Heiligen Geistes zu folgen. Er ist der beste Ratgeber. Entweder wird Er dir direkt helfen, oder Er führt dich zu jemandem, durch den Er dir dienen kann. In beiden Fällen solltest du letztendlich auf Ihn sehen. Der Rat, den andere Menschen dir geben werden, wird ohne die Hilfe des Heiligen Geistes nicht zum Rhema (zur persönlichen Offenbarung von Gott) für dich werden.

Es ist auch wichtig, sich darüber im klaren zu sein, daß Gott für jeden von uns eine unterschiedliche individuelle Berufung hat. Weil Er mich dazu berufen hat, sein Wort zu lehren, war es besser für mich, die Wahrheit, die ich brauchte, direkt von Ihm zu erhalten. Trotzdem ist das natürlich keine allgemeingültige Regel.

Laß dich vom Heiligen Geist leiten

Der Dienst des Heiligen Geistes

Einen weiteren Grund, weshalb der Dienst des Heiligen Geistes so wichtig ist, lehrt uns Jesus in Johannes 16, 8. Jesus sagt, daß es der Heilige Geist ist, der von Sünde, Gerechtigkeit und Gericht überführt.

Die meisten Menschen, die mißbraucht wurden, haben ein ausgeprägtes Schamgefühl. (Über Schamgefühle wird in einem späteren Kapitel ausführlich eingegangen.) Sie fühlen sich schlecht. Sie mögen sich selbst nicht und leiden deshalb sehr unter Schuld und Verdammnis.

Es ist der Teufel, der Verdammnis bringt; der Heilige Geist bringt Überführung. (Das ist ein großer Unterschied. Ich nehme Überführung gerne an, aber ich widerstehe der Verdammnis – und das solltest du auch tun). Nur der Heilige Geist kann durch Gottes Wort und seine Kraft Dinge verändern und Menschen, die voller Scham sind, davon überzeugen, daß sie durch das vergossene Blut von Jesus Christus gerecht gemacht worden sind (2. Kor. 5, 21).

In Johannes 16, 13 verweist Jesus auf den Heiligen Geist als den Geist der Wahrheit. Er versichert uns, daß Er uns „… in die *ganze* Wahrheit [– die ganze, volle Wahrheit] leiten" wird. In Johannes 14, 26 sagt er, daß der Heilige Geist uns an alles erinnern wird, was Jesus uns gesagt hat. Beide Aspekte in bezug auf den Dienst des Heiligen Geistes sind grundlegende Hilfen für diejenigen, die mißbraucht worden sind und sich im Prozeß der Wiederherstellung befinden. Diese Menschen müssen ihre Verdrängungstaktik aufgeben und sich der Wahrheit stellen. Es mag Erfahrungen geben, die sie vergessen haben, weil es zu schmerzhaft ist, sich an sie zu erinnern. Diese Erlebnisse müssen sie sich während des Heilungsprozesses möglicherweise wieder ins Gedächtnis rufen und konfrontieren.

Wenn jemand, der die Wiederherstellung in die Wege leitet, nicht vom Heiligen Geist geführt ist, kann es passieren, daß er den Prozeß zu schnell vorantreibt. Wenn das der Fall ist, kann er schmerzhafter werden, als die Person ertragen kann.

Ich erinnere mich an ein Mädchen, das einmal in einem Gebetstreffen zu mir kam. Sie war sehr aufgeregt und extrem emotional, fast pa-

Schönheit statt Asche

nisch. Sie berichtete mir, daß ihre wöchentlichen Besuche bei ihrem Seelsorger für sie so schmerzvoll waren, daß sie es fast nicht ertragen konnte. Völlig aufgebracht, sagte sie mehrmals: „Es ist einfach zu viel! Es tut so weh, ich halte das nicht aus."

Während sie sprach, betete ich und bat den Herrn, mir zu zeigen, wie ich ihr helfen konnte. Ich war wirklich besorgt, daß sie vorne an der Kanzel hysterisch werden würde. Plötzlich erhielt ich eine Antwort vom Herrn. Ich hatte den Eindruck, daß ihr Seelsorger nicht empfänglich für den Heiligen Geist war und daß diese junge Frau so schnell mit wichtigen Punkten konfrontiert worden war, daß ihr Geist und ihre Gefühle nicht damit umgehen konnten.

Also sagte ich zu ihr: „Hör mir zu. Ich denke, ich weiß, was das Problem ist." Daraufhin beruhigte sie sich lange genug, daß ich ihr mitteilen konnte, was Gott mir gesagt hatte. Was ich sagte, erleichterte sie. Sie bestätigte mir, daß das, was ich beschrieben hatte, exakt den Tatsachen entsprach.

Für meinen Heilungsprozeß benutzte der Heilige Geist viele verschiedene Dinge. Das erste war ein Buch, das ich auf Vorschlag meines Mannes las. Es war der Erlebnisbericht einer Frau, die als Kind mißbraucht worden war. Bis zu diesem Zeitpunkt war mir nie in den Sinn gekommen, daß irgendeines meiner Probleme seinen Ursprung in meiner Vergangenheit haben könnte. Ich dachte, jeder hätte solche Probleme.

Dieses Buch zu lesen war sehr schwierig für mich. Als ich zu dem Teil kam, in dem die Frau detailliert beschrieb, wie ihr Stiefvater sie sexuell mißbraucht hatte, stiegen Erinnerungen, Schmerz, Zorn und Wut unkontrolliert von irgendwo tief in mir auf. Ich warf das Buch auf den Boden und schrie: „Ich werde das nicht lesen!"

In diesem Moment sprach der Heilige Geist zu mir: „Es ist Zeit dafür."

Zu jenem Zeitpunkt hatte ich bereits mehrere Jahre versucht, mit Gott zu leben. Warum hatte Er nicht schon früher etwas unternommen, um mir zu helfen? *Weil es nicht die Zeit dafür war!* Der Heilige Geist weiß genau, wann der passende Zeitpunkt in unserem Leben gekommen ist. Ich sage immer: „Nur der Heilige Geist weiß, wann du für was bereit bist." Mit anderen Worten: Der Geist des Herrn ist der einzige, der weiß, wie man dir helfen kann und wann du bereit bist, diese Hilfe anzunehmen.

Vielleicht kommt diese Hilfe in Form eines Buches, eines bestimmten Sprechers oder eines Freundes, der dir genau das sagt, was du in diesem Moment brauchst. Oder sie kommt durch ein persönliches Zeugnis oder auch direkt vom Herrn selbst. Heute kann die von Gott bestimmte Zeit für dich sein, weil du *dieses* Buch liest. Wenn dem so ist, wird es von Ihm in einem Bereich, in dem du jetzt gerade verletzt bist, benutzt werden. Vielleicht ist es der Anfang deiner Wiederherstellung, der nächste Schritt in diesem Prozeß oder der abschließende Schlag in deinem langen Kampf um Heilung.

Viele Menschen, die mich um Gebet für emotionale Heilung bitten, sind betroffen und verwirrt, weil es Zeiten in ihrer Kindheit gibt, an die sie sich nicht erinnern können. Sie haben eine „Ausgrabungs-Expedition" unternommen und versucht, vergessenen Erinnerungen ins Auge zu sehen, mit ihnen umzugehen und sie aus ihrem Leben zu verbannen. Die Betroffenen sind immer froh zu hören, daß es auch in meiner eigenen Vergangenheit Abschnitte gibt, an die ich mich nicht erinnern kann. Tatsächlich scheint ein großer Teil meiner Kindheit aus leeren Seiten zu bestehen.

Ich erinnere solche Leute daran, daß der Heilige Geist uns in die ganze Wahrheit führt und uns viele Erinnerungen zurückbringen kann. Aber wir müssen Ihm erlauben, die Führung in diesem empfindlichen Bereich zu übernehmen. Ich habe das zugelassen. Ich glaube, wenn es mir hilft, mich an etwas aus meiner Vergangenheit zu erinnern, wird es mir wieder einfallen. Wenn nicht, ist es unnötig oder wäre sogar schädlich für mich. Dann bin ich dankbar, wenn es mir nicht wieder einfällt. Meiner Meinung nach kann uns das, was wir vergessen haben, nicht mehr verletzen.

Offensichtlich ist dies jedoch nicht immer der Fall. Sehr oft sind Menschen enorm erleichtert, wenn sie sich an traumatische Ereignisse erinnern und sich mit ihnen auseinandersetzen. Manchmal vergiften Erinnerungen, die in einen Winkel des Gedächtnisses verdrängt wurden, den gesamten Bewußtseinszustand. In diesem Fall müssen die Erinnerungen aufgedeckt werden, bevor Heilung beginnen kann. Dennoch ist es wichtig zu berücksichtigen, daß dieser Prozeß, wenn er nicht in der Führung des Heiligen Geistes erfolgt, sehr unheilbringend sein und bereits verletzten Menschen noch mehr Schaden zufügen kann.

Der Heilige Geist ist sanft, zart, rücksichtsvoll, nett, liebevoll und geduldig. Aber Er ist auch kraftvoll und mächtig und in der Lage, das zu tun, was ein Mensch nie selbst tun könnte. Der Psalmist sagt hierzu: „Wenn der Herr das Haus nicht baut, arbeiten seine Erbauer vergebens daran. Wenn der Herr die Stadt nicht bewacht, wacht der Wächter vergebens" (Ps. 127, 1). Ich habe viele Jahre meines Lebens damit verbracht, erfolglos zu wachen und zu arbeiten. Ich möchte dich ermutigen, die kostbarsten Jahre deines Lebens nicht mit dem Versuch zu verschwenden, alles selbst zu machen. Suche Gott und finde seinen Plan für deine Wiederherstellung heraus. Er wird dich zur rechten Zeit auf den richtigen Weg führen, und du wirst verwandelt werden – „von Herrlichkeit zu Herrlichkeit" (2. Kor. 3, 18).

6
Schmerz

Auch wenn die innere Heilung vom Heiligen Geist geführt ist, ist sie schmerzvoll. Wenn du den Geist des Herrn dein Wiederherstellungsprogramm leiten läßt, wird Er immer da sein, um dir die Kraft zu geben, die du in jeder Phase brauchst. Nur so bist du fähig, alle Prüfungen, die auf dich zukommen, zu ertragen.

Obwohl der Herr uns versprochen hat, uns nie aufzugeben oder zu verlassen (Hebr. 13, 5), bewegen wir uns auf gefährlichem Gebiet, wenn wir Ihm vorauseilen und versuchen, aus eigener Kraft zu handeln. Unser himmlischer Vater ist nicht verpflichtet, uns beim Bestehen von Prüfungen, die Er nicht für uns vorgesehen hat, zu unterstützen. Wir werden sie vielleicht meistern, aber wir werden viel härter kämpfen müssen, als nötig gewesen wäre.

Der Schmerz emotionaler Wunden und deren Heilung kann traumatischer sein als körperliche Schmerzen. Wenn du dem Plan folgst, den Gott dir gezeigt hat und du Zeiten voller Pein durchmachen mußt, dann erinnere dich daran, daß der Heilige Geist dein Kraftspender ist. Manchmal mag es so aussehen, als ob du es nicht schaffst. In solchen Momenten solltest du den Herrn bitten, dir Kraft zu geben.

Eine großartige Schriftstelle für diese schwierigen Zeiten ist 1. Korinther 10, 13 (*Amplified*), in dem der Apostel Paulus uns erinnert, daß „… keine Versuchung – keine Prüfung, die zur Sünde verlockt [egal woher sie kommt oder wohin sie führt] – euch ergriffen hat und auf euch gelegt wurde als nur eine menschliche – das bedeutet, du wurdest keiner Versuchung oder Prüfung ausgesetzt, die sich außerhalb des Menschlichen befindet, die nicht zur menschlichen Erfahrung gehört und die ein Mensch nicht aushalten könnte. Aber Gott ist treu [seinem Wort und seinem barmherzigen Wesen gegenüber], und er [darauf ist Verlaß] wird nicht zulassen, daß ihr über euer Vermögen, eure Widerstandskraft und über das Maß hinaus, das ihr ertragen könnt, versucht werdet, sondern mit der Versuchung wird er [immer]

Schönheit statt Asche

für den Ausweg – die Möglichkeit einer Lösung – sorgen, so daß ihr fähig, stark und kraftvoll seid, sie geduldig zu ertragen."

In solch harten Zeiten werden viele Versuchungen auf dich einstürmen, wie die Versuchung, aufzugeben und zu alten Gedankenmustern und Wegen zurückzukehren oder negativ, deprimiert und zornig auf Gott zu werden, weil du nicht verstehst, warum Er dir den Ausweg aus all der Pein, die du in deinem Leben ertragen mußtest, nicht zeigt. Aber die obengenannte Schriftstelle sagt uns, daß Gott immer für uns eintreten wird und seine Hilfe immer rechtzeitig kommt. Nimm dir in deinem Herzen vor, weiterzumachen und nie aufzugeben!

Eine andere hilfreiche Schriftstelle ist 2. Korinther 12, 7-9, wo Paulus von seinem eigenen Leiden berichtet, das er einen „Dorn im Fleisch" nennt. Es ist unerheblich, was unter diesem „Dorn" zu verstehen ist. Was auch immer es war, Paulus rief dreimal zum Herrn und bat, Er möge ihn davon befreien. Die Antwort des Herrn war: „... Meine Gnade – Gunst, liebevolle Güte und Barmherzigkeit – genügt dir [sie ist ausreichend gegen jede Gefahr und gibt dir die Kraft, Schwierigkeiten mannhaft zu ertragen]; denn meine Stärke und Kraft gelangen ... in [deiner] Schwachheit zur Vollendung" (Vers 9; *Amplified*).

Wir werden nicht immer sofort in dem Moment von unserer Bedrängnis befreit, wenn wir den Herrn anrufen. Manchmal müssen wir sie eine Weile aushalten, geduldig sein und im Glauben bleiben. Danke Gott während solcher Zeiten, in denen Er sich aus welchem Grund auch immer dafür entscheidet, uns nicht sofort zu erlösen. Er gibt uns immer die Gnade und Kraft, die wir brauchen, um bis zum Sieg durchzuhalten.

Hast du dich schon einmal gefragt, *warum* Gott uns nicht jedesmal sofort aus unserer Zwangslage und von unseren Problemen befreit? Der Grund dafür ist, daß nur der Herr weiß, was im Leben seiner Kinder getan werden muß – und den richtigen Zeitpunkt dafür kennt.

Aus eigener Erfahrung habe ich gelernt, lieber zu vertrauen statt zu fragen. Es ist nicht verkehrt, Gott nach dem „Warum" zu fragen, es sei denn, die Fragerei stiftet Verwirrung. In diesem Fall ist es viel besser, dem Herrn einfach zu vertrauen, denn wir wissen, daß Er nie etwas falsch macht – und daß Er nie zu spät kommt! Oft verstehen wir den Grund für ein Ereignis oder eine Situation erst hinterher, wenn wir darauf zurückblicken können. Es gibt sehr viele Erfahrungen in meinem Leben, die ich nicht verstanden habe, während ich hindurchgehen mußte. Heute kann ich ihre Bedeutung und ihren Zweck verstehen.

Durch Prüfungen hindurchzugehen ist schmerzhaft. In meinem Dienst weise ich Menschen oft auf die Schriftstelle in der Offenbarung hin, wo es heißt, daß die Gläubigen den Teufel überwinden „... wegen des Blutes des Lammes und wegen des Wortes ihres Zeugnisses ..." (Offb. 12, 11). Wir überwinden durch das Blut des Lammes und durch die Worte, die wir sprechen. Es ist wichtig, in jedem Bereich des Lebens den Sieg zu deklarieren. Um eine solche Erklärung überzeugend abgeben zu können, ist es allerdings notwendig, gewisse Bedrängnisse oder Widerstände erfolgreich überwunden zu haben. Der schmerzhafte Teil dabei ist, daß wir Angriffen und Versuchungen standhalten müssen; der ruhmreiche Teil kommt, nachdem wir die Prüfung bestanden haben und über den großartigen Sieg und Gottes große Treue berichten können.

Türen zum Schmerz

Weil ich bereits – wie du vielleicht auch – ein solches Maß an psychischem Leid erfahren habe, wurde ich des Schmerzes müde. Ich versuchte, geheilt zu werden, indem ich der Führung des Heiligen Geistes vertraute, aber ich konnte nicht verstehen, warum der Prozeß so wehtun mußte. Ich wußte, um den Schmerz weiterhin aushalten zu können, mußte ich einige Antworten vom Herrn bekommen. Ich kam tatsächlich weiter, errang hier und da einen Sieg, doch ich hatte trotzdem den Eindruck, daß der Herr mich jedesmal, wenn ich Fortschritte machte, in eine neue Phase der Wiederherstellung brachte, die wiederum mit Schmerz und emotionaler Aufregung verbunden war.

Als ich wegen meiner Situation betete, gab Gott mir eine Vision. Ich sah in meinem Herzen mehrere Türöffnungen, eine nach der anderen. Jede repräsentierte ein traumatisches Ereignis aus meiner Vergangenheit, das mir Schmerz zugefügt hatte. Der Herr zeigte mir, wie jedesmal,

Schönheit statt Asche

Eingangstüren für Schmerz

wenn ich qualvolle Ereignisse oder Situationen erlebte, eine neue Tür des Schmerzes aufging (als ich zu Hause sexuell mißbraucht wurde; als ich wegen meines Übergewichts in der Schule ausgelacht wurde; als ich unfähig war, enge Freunde zu haben; als ich ständig Angst hatte; als ich von meinem Ehemann verlassen wurde; als ich von einigen Freunden aus der Gemeinde verraten wurde usw.).

Ich kann mich lebhaft an die Seelenqual des Mißbrauchs, der Furcht, der Ablehnung, des Verlassen- und Verratenwerdens erinnern – wie du sicherlich auch, wenn du ein Opfer von Handlungs- und Verhaltensweisen wurdest, durch die Menschen unterdrückt werden.

Als ich dem Herrn schließlich erlaubte, in meinem Leben zu wirken, verdeutlichte Er mir, daß ich mich hinter vielen solcher „Türen aus Schmerz" versteckt hatte. Ich war gebunden und hatte Zuflucht in falschen Persönlichkeiten gesucht und mich hinter einer äußeren Fassade versteckt. Ich war unfähig, mich selbst zu befreien. Als der Herr mich aus der Gebundenheit führte, tat das sehr weh.

Ich mußte verstehen, daß ich durch dieselben oder andere Türen des Schmerzes gehen mußte, durch die ich vorher eingetreten war, um von der Gebundenheit in die Freiheit zu gelangen. Um uns zu befreien und zu heilen, muß der Herr uns mit Begebenheiten, Menschen und Wahrheiten konfrontieren, die wir ohne seine Hilfe niemals im Alleingang bewältigen könnten. Ich gebe dir einige Beispiele, um das zu verdeutlichen:

Beispiel 1
Mein ganzes Leben lang hatte ich Angst vor meinem Vater. Sogar noch als erwachsene Frau in den Vierzigern mit eigenen Kindern, fürchtete ich mich vor ihm. Diese Furcht war durch viele schmerzvolle Ereignisse in meinem Leben verursacht worden. Der Herr zeigte mir, daß ich meinem Vater entgegentreten, ihm fest in die Augen sehen und ihm sagen mußte: *„Ich habe keine Angst mehr vor dir."* Ich tat es im Gehorsam und Glauben, aber nicht ohne „Furcht und Zittern" (Phil. 2, 12). Ich konfrontierte eine der Türen des Schmerzes. Ich wußte, ich konnte entweder durch diese Tür zurück in die Freiheit gehen, oder aber vor der Tür stehen bleiben, mich verstecken und für immer Furcht vor meinem Vater haben.

Beachte: *Ich trat der Hauptursache meines Schmerzes entgegen, weil der Heilige Geist mich so geführt hatte. Versuche nicht, es ebenso zu machen, nur weil ich es tat.*

Beispiel 2
Manchmal werden Menschen in der Gemeinde durch andere Christen verletzt. Irgendwie glauben wir, daß Gläubige nicht durch Gleichgesinnte verletzt werden sollten – und das sollten sie auch nicht. Doch die Dinge sind selten, wie sie sein sollen, und das trifft häufig auch auf Gottes Volk zu. Auch wir in der Gemeinde verletzen uns gegenseitig, was vielerlei Schmerzen verursacht.

Wenn das passiert, zieht sich der verletzte Mensch häufig von demjenigen zurück, der den Schmerz verursacht hat und bricht die Verbindung zu ihm ab. Er versteckt sich hinter einer Tür des Schmerzes und denkt: „Weil ich in der Gemeinde verletzt wurde, werde ich zwar (vielleicht) weiterhin zum Gottesdienst gehen, aber mit diesen Menschen will ich nichts mehr zu tun haben." Das ist eine Form von Gebundenheit, weil die Person der Vergangenheit erlaubt, Kontrolle über sie auszuüben.

Schönheit statt Asche

Gott wird uns zu einem Punkt bringen, wo wir uns nicht länger verstecken können und das Risiko eingehen müssen, wiederum verletzt zu werden. Auf diese Weise gehen wir durch dieselbe Tür des Schmerzes zurück, durch die wir in Gefangenschaft geraten sind.

Beispiel 3
Einigen Menschen fällt es sehr schwer, sich Autoritäten unterzuordnen. Auch für mich war es extrem schmerzhaft. Da ich von jeder Autoritätsperson, die ich je gekannt hatte, mißbraucht worden war, lautete meine Grundeinstellung: „Warum sollte ich jemand anderem erlauben, mir zu sagen, was ich zu tun habe?" Ich vertraute niemandem, besonders Männern nicht.

Als der Heilige Geist mich in die Phase meiner Wiederherstellung führte, wo ich mich meinem Mann unterordnen mußte, begann ein Krieg! In mir stiegen unablässig rebellische Gefühle auf. Ich wollte gehorsam sein, weil ich wirklich glaubte, daß Unterordnung biblisch ist, doch der damit verbundene Schmerz war so groß, daß ich nicht wußte, wie ich damit umgehen sollte.

Ich konnte nicht verstehen, was mit mir los war. Heute weiß ich, daß die Vorstellung, mich jemandem unterzuordnen und dieser Person zu erlauben, Entscheidungen für mich zu treffen, all die alten Ängste und die Erinnerungen an Manipulation und Mißbrauch wieder in mir wachrief. Mein Vater (eine Autoritätsperson) hatte mir immer gesagt, daß die schmerzhaften Entscheidungen, die er für mich getroffen hatte, gut für mich seien. Mein damaliger Haß auf das, was er mir angetan hatte in Verbindung mit der Frustration darüber, daß ich nichts daran ändern konnte, machte es mir lange Zeit nicht gerade leicht, mich jemandem unterzuordnen.

Um befreit zu werden und vollständig so sein zu können, wie Gott mich haben wollte, mußte ich lernen, mich meinem Mann unterzuordnen. Wie viele andere Christen glaubte auch ich an die Lehre der Schrift, daß die Unterordnung der Frau und Kinder unter den Mann und Vater als Haupt der Familie Gottes Plan ist. Ich war überzeugt, daß dieses Prinzip in seinem Wort festgesetzt ist und ich deshalb keine Wahl hatte: Ich mußte mich unterordnen oder gegen den Herrn rebellieren. Aber das tat weh! Heute bin ich frei und kann die

Schmerz

Sicherheit und den Schutz *göttlicher* Unterordnung erkennen und genießen.

Bedenke: Viele Menschen verwirrt das Thema Unterordnung. Sie denken, es bedeutet, daß sie alles – egal was – tun müssen, was eine Autoritätsperson ihnen sagt. Die Bibel lehrt jedoch, daß wir uns nur unterordnen sollten, „wie es sich im Herrn ziemt" (Kol. 3, 18).

Ich vertraue darauf, daß dir diese Beispiele helfen, die „Türen des Schmerzes" zu erkennen und mit ihnen umzugehen. Betrachte sie nicht als den Eingang zum Leiden, sondern als die Schwelle zur Wiederherstellung. Jesus wird immer bei dir sein, um dich zu führen und zu stärken, wenn du durch diese Tore zur Heilung gehst.

Denke daran: *Schmerz ist tatsächlich ein Teil des Heilungsprozesses!*

Ein weiteres Beispiel, das mir der Herr gab, ist der Vergleich mit einem aufgeschlagenen Knie. Wenn ein Mensch auf hartem Boden hinfällt und sein Knie schlimm aufschürft, tut die frische Wunde sicher weh. Am nächsten Tag kann der Schmerz sogar noch schlimmer sein. Es mag sich bereits Schorf darauf gebildet haben, was ein Zeichen dafür ist, daß der Körper den Heilungsprozeß in Gang gesetzt hat. Doch obwohl die Wunde nun durch eine Kruste geschützt ist, wird sie dennoch ziehen, brennen und pochen, während sie heilt.

Mache dir klar: Eine Wunde schmerzt, aber die Heilung bereitet oft noch schlimmere Schmerzen. Es ist weder derselbe Schmerz, noch hat er dasselbe Ergebnis. Die emotionalen Wunden mancher Menschen wurden solange ignoriert, daß sie sich entzündet haben. Diese Art von Schmerz unterscheidet sich völlig von dem Schmerz der Heilung. Der eine kann vermieden werden; den anderen sollte man willkommen heißen.

Ohne Schmerz kommst du nicht voran!

Ich möchte dir eine Weisheit weitergeben, die ich durch persönliche Erfahrung gelernt habe: *Hab keine Angst vor Schmerz!* So seltsam es sich anhört, je mehr du dich vor ihm fürchtest und ihn vermeidest, desto größer werden die Auswirkungen auf dich sein.

Schönheit statt Asche

Vor Jahren habe ich zum ersten Mal in meinem Leben gefastet. Gott hatte mich dazu berufen, 28 Tage zu fasten und nur Saft zu trinken. Anfangs war es sehr hart. Ich war irgendwann so ausgehungert, daß ich akute Schmerzen hatte. Als ich zum Herrn schrie, daß ich es nicht mehr länger aushalten könne, antwortete Er mir. Tief in mir hörte ich die „stille, kleine Stimme" (siehe 1. Kö. 19, 12) des Herrn zu mir sagen: *Hör auf, gegen den Schmerz anzukämpfen, laß ihn für dich arbeiten.* Von da an fiel mir das Fasten viel leichter. Ich genoß es sogar, weil ich wußte, daß jede Pein, die ich fühlte, ein Zeichen des Fortschritts war.

Die Regel ist: Je mehr man sich dem Schmerz widersetzt, um so stärker wird er. Wenn bei einer schwangeren Frau die Geburt beginnt, bekommt sie von ihren Ärzten den Rat: *Entspannen Sie sich!* Sie wissen, daß der Schmerz um so stärker wird, je mehr sie dagegen ankämpft, und die Geburt entsprechend länger dauert.

Wenn du durch eine schwierige Zeit gehst und der Schmerz so schlimm wird, daß du ihn fast nicht mehr ertragen kannst, dann erinnere dich an Hebräer 12, 2 (*Amplified*): „Indem wir wegschauen [von allem, was uns ablenkt] und auf Jesus schauen, der uns anleitet und die Quelle unseres Glaubens ist [Er gibt uns den ersten Anstoß für unseren Glauben] und auch der Vollender [Er bringt ihn zur Reife und Perfektion]. Er ertrug für die Freude, [darüber, die Belohnung zu erhalten] die vor Ihm lag, das Kreuz. Er achtete nicht auf die Schande und sitzt nun zur Rechten von Gottes Thron."

Ausdauer schafft Freude

Die mit Tränen säen, werden mit Jubel ernten.
Psalm 126, 5

Wenn du Schmerz erdulden mußt, kämpfe nicht dagegen an. Laß zu, daß er seinen Zweck erfüllt.

Lerne zu ertragen, was du ertragen mußt, denn du weißt, daß am Ende Freude auf dich wartet!

Warum auch nicht? Du bist sowieso verletzt; dann kannst du ebenso gut die Wohltat nach deinem Leiden ernten. Solange Mißbrauch aus der Vergangenheit dich gefangen hält, wirst du in ständiger Pein leben.

Schmerz

Der Schmerz des Heilungsprozesses dagegen hat wenigstens ein positives Ergebnis – Freude statt Leid.

Laß dich durch deine Schmerzen hindurch in die Freiheit führen! Tu' das, was getan werden muß, auch wenn es hart ist. Gehorche Gott und folge der Führung des Heiligen Geistes, denn du weißt, „am Abend kehrt Weinen ein, und am Morgen ist Jubel da" (Ps. 30, 6).

7

Um herauszukommen, mußt du hindurchgehen

Auf einem unserer Treffen kam eine Frau nach vorne und bat mich um Hilfe, eine bestimmte Bindung in ihrem Leben zu brechen. Kaum daß ich angefangen hatte, für sie zu beten, begann sie zu weinen. Fast im selben Moment hatte ich eine Vision. Ich sah sie auf einer Rennbahn stehen, als ob sie im Begriff sei, an einem Rennen teilzunehmen. Als ich sie beobachtete, sah ich, daß sie sich nach jedem Start auf die Ziellinie zubewegte, jedoch nach der Hälfte umdrehte und zum Start zurückkehrte. Der Vorgang wiederholte sich mehrmals.

Ich berichtete ihr von dem Bild und sagte ihr, daß Gott ihr dadurch erklärte: „Dieses Mal mußt du *den ganzen Weg gehen*." Als sie das hörte, bestätigte sie es sofort. Auch sie hatte den Eindruck, daß Gott zu ihr sprach. Ihr Problem war, daß sie, obwohl sie Fortschritte bei ihrer emotionalen Heilung machte, unter Druck immer aufgab. Jetzt war sie entschlossen, den Prozeß bis zum vollständigen Sieg durchzustehen.

Denke daran: *Es ist immer schwieriger, bis zum Ende durchzuhalten, als einen Anfang zu machen.*

Es gibt wirklich keine „Schnellmethode" für innere Heilung. Im 2. Korinther 3, 18 spricht der Apostel Paulus von Christen, die „von Herrlichkeit zu Herrlichkeit" verwandelt werden. Wenn du durch den schwierigen Prozeß emotionaler Heilung gehst, möchte ich dich ermutigen, den Grad der „Herrlichkeit" zu genießen, den du erlebst, wenn du auf die nächste Stufe zugehst.

Manche Menschen machen aus innerer Heilung oder der Wiederherstellung von Mißbrauch eine solche Tortur, daß sie sich nicht zugestehen, auch nur einen Aspekt davon zu genießen. Laß nicht zu, daß du dich nur darauf konzentrierst, wie weit du noch gehen mußt.

Schönheit statt Asche

Konzentriere dich statt dessen darauf, wie weit du schon gekommen bist! Lebe nach folgendem Motto:

Ich bin noch nicht, wo ich sein muß,
aber, Gott sei Dank, bin ich nicht mehr da, wo ich war.
Ich bin in Ordnung, und ich bin auf dem richtigen Weg!

Beachte: *Du mußt dein Leben weiterleben, während du geheilt wirst!*

Durchhalten

In einigen Bereichen kann geistliches Wachstum mit körperlichem Wachstum verglichen werden. Ich liege sicher richtig mit der Behauptung, daß sich viele Menschen nicht an ihren Kindern erfreuen, während sie aufwachsen. In jeder Wachstumsstufe wünschen sich solche Eltern, ihre Kinder wären bereits weiter. Im Krabbelalter wünschen sie sich, ihr Kind könnte laufen; später wünschen sie sich, es wäre aus den Windeln; in der Schule, mit der Schule fertig; es würde heiraten, ihnen Enkelkinder schenken …

Wir sollten lernen, jede Stufe des Lebens zu genießen, weil jede Phase ihre eigenen Freuden und ihre eigenen Schwierigkeiten mit sich bringt. Als Christen wachsen wir unser ganzes Leben lang. Wir hören nie auf, Fortschritte zu machen. Triff jetzt die Entscheidung, dich über dich selbst zu freuen, während du danach strebst, den nächsten Etappensieg zu erringen.

In 5. Mose 7, 22 sagt Mose den Kindern Israel, daß der Herr ihre Feinde „nach und nach" vor ihnen hinaustreiben wird. Zwischen den Siegen in unserem Leben gibt es gewisse Wartezeiten, in denen der Heilige Geist an uns arbeitet. Er eröffnet uns neue Aspekte und hilft uns, daß wir uns weiteren Wahrheiten stellen können. Das Warten fällt den meisten von uns gewöhnlich schwer, denn wir sind oft ungeduldig und werden schnell unzufrieden. Wir wollen alles *jetzt!*

Geduld erntet Verheißungen

Werft nun eure Zuversicht nicht weg, die eine große Belohnung hat. Denn Ausharren habt ihr nötig, damit ihr, nachdem ihr den Willen Gottes getan habt, die Verheißung

Um herauszukommen, mußt du hindurchgehen

davontragt [und euch über die Fülle freuen könnt]. Denn noch eine ganz kleine Weile, und der Kommende wird kommen und nicht säumen.
Hebräer 10, 35-37 (*Amplified* in Klammern)

Dieser Schriftstelle können wir entnehmen, daß wir Glauben, Geduld und Ausdauer brauchen, um zu erleben, wie sich die Verheißungen erfüllen.

In Hebräer 6, 11 lesen wir: „Wir wünschen aber sehr [stark und ernsthaft], daß jeder von euch denselben Eifer [*den ganzen Weg hindurch*] um die volle Gewißheit der [deiner] Hoffnung bis ans Ende beweise" (*Amplified* in Klammern).

Du siehst also: Um *heraus*zukommen, müssen wir *hindurch*gehen.

In Jesaja 43, 1-2 ermahnt der Herr sein Volk:

… Fürchte dich nicht … Ich habe dich bei deinem Namen gerufen, du bist mein. Wenn du durch Wasser gehst, ich bin bei dir, und durch Ströme, sie werden dich nicht überfluten. Wenn du durch Feuer gehst, wirst du nicht versengt werden, und die Flamme wird dich nicht verbrennen.

In Psalm 23, 4 (*Amplified*) sagt David über den Herrn: „… wenn ich auch durch das [tiefe, dunkle] Tal des Todesschattens gehe, fürchte ich kein Unheil, denn du bist bei mir, dein Stecken [dein Schutz] und dein Stab [deine Führung], sie trösten mich."

Ein Mensch, der in Mißbrauch verwurzelt ist, hat oft Bollwerke in seinem Geist und in seinem Fleisch, die durch das Tal des Todesschattens hindurchgebracht werden müssen, um für immer niedergeschlagen und zerstört zu werden (2. Kor. 10, 4).

Ich habe beispielsweise aufgrund des Mißbrauchs eine sehr unabhängige Persönlichkeit entwickelt. Ich traute niemandem. Sehr früh in meinem Leben kam ich zu dem Schluß, daß ich weniger verletzt werden würde, wenn ich mich selbst um mich kümmerte und niemals irgend jemanden um Rat fragte. Als der Herr mir offenbarte, daß meine unabhängige Haltung nicht biblisch war, mußte ich „durch das Tal des Todesschattens gehen". Mit anderen Worten: Ich mußte meine alte Wesensart (ein Teil der alten Joyce) zum Kreuz bringen, damit sie dort starb.

Schönheit statt Asche

Die Versuchung, vor unseren Probleme wegzurennen, ist immer da, aber der Herr sagt, wir müssen *hindurch*. Die gute Nachricht ist, daß Er versprochen hat, stets mit uns zu gehen. Er wird da sein, um uns bei jeder Schwierigkeit zu helfen. Er hat uns versprochen: „Fürchte dich nicht, denn Ich bin bei dir."

Am Anfang unserer „Heilungsreise" mit dem Herrn sind wir für gewöhnlich innerlich völlig verknotet. Wenn wir es Ihm erlauben, wird Er unser Leben in Ordnung bringen und die Knoten zu gegebener Zeit lösen.

Zu einigen seiner Jünger sagte Jesus: „Ich bin der Weg, folgt Mir." Wenn du dich dafür entscheidest, Jesus nachzufolgen, wirst du bald lernen, daß Er niemals furchtsam zurückschaut. Sein Weg geht immer geradeaus in Richtung Ziellinie. Mach es nicht wie die von mir erwähnte Frau, die immer auf der halben Strecke des Rennens aufgab. So schwierig es auch sein mag, entscheide dich dafür, im Rennen zu bleiben und *durchzuhalten*!

8
Schuld und Schamgefühl

Ein Schamgefühl darf nicht mit Schuld und Verdammnis verwechselt werden. Schuld ist ein riesiges Problem in unserer heutigen Gesellschaft, weil die meisten Menschen sie im Überfluß erfahren. Der Teufel möchte, daß wir uns alle *schlecht* fühlen. Jesus Christus gab sein Leben, damit wir Gerechtigkeit haben – oder wie ich es gerne schreibe, Ge*RECHT*igkeit.

Wir wurden von Gott geschaffen, um uns selbst gut und richtig zu fühlen. Trotzdem können wir nicht alles richtig *machen*, weil es Sünde in der Welt gibt, die durch den Fall der Menschheit auf uns kam. Wenn wir Jesus als unseren Retter annehmen, gibt Er uns das Geschenk der Gerechtigkeit. Im Glauben sind wir im *richtigen* Stand vor Gott.

Im 2. Korinther 5, 21 (*Amplified*) sagt uns der Apostel Paulus, was Gott für uns getan hat: „Um unseretwillen hat er Christus [geradezu] zur Sünde gemacht, den, der keine Sünde kannte, damit wir in und durch ihn [ausgestattet mit, entsprechend angesehen, ein Beispiel für] die Gerechtigkeit Gottes werden würden – was wir sein sollten, bewährt und akzeptabel und in richtiger Beziehung zu ihm, durch seine Güte in ihm."

Gott sandte Jesus, um uns zu erlösen (um uns vom Teufel, dem wir uns selbst als Sklaven der Sünde verkauft haben, zurückzukaufen), um uns wieder so rein zu machen, wie Gott es uns zugedacht hatte. Wir wurden von Gott erschaffen – und losgekauft –, um vor Ihm gerecht zu sein, nicht um uns zu schämen und uns schuldig und verdammt zu fühlen.

Es gibt keine Verdammnis in Christus

Also [gibt es] jetzt keine Verdammnis – keine Verurteilung für Schuld – für die, die in Christus Jesus sind. die nicht nach

Schönheit statt Asche

den Vorgaben des Fleisches, sondern nach den Vorgaben des Geistes leben.

Römer 8, 1 (*Amplified*)

Natürlich würden wir nie irgend etwas falsch machen, wenn wir der Führung des Heiligen Geistes folgen würden. Dann hätte die Schuld nicht die Möglichkeit, in uns Wurzeln zu schlagen. Aber weil wir Menschen sind, machen wir Fehler. Wie unser Herr in Matthäus 26, 41 sagte: „... der Geist zwar ist willig, das Fleisch aber schwach."

Wie können wir aber ohne Schuld leben, wenn wir nicht perfekt sind, obwohl wir es gerne wären? Indem wir den Heiligen Geist als unseren Führer anerkennen. Wir sündigen, wenn wir ohne Ihn leben. Verdammnis- und Schuldgefühle sind das Ergebnis von Sünde. Der Teufel sieht eine offene Tür und kommt sofort, um dies auszunutzen. Der Moment der Versuchung ist ein entscheidender Punkt, mit dem wir uns befassen müssen, wenn wir fähig sein wollen, ohne Schuld zu leben.

Wenn du der Versuchung nachgegeben oder gesündigt hast, wende dich sofort wieder dem Heiligen Geist zu. Versuche erst gar nicht, dich selbst durch gute Werke, was ein fleischliches Handeln ist, wiederherzustellen. (Du hast ja gesündigt, weil du aus der Gemeinschaft mit dem Heiligen Geist herausgegangen bist!) Wenn du weiterhin auf das Fleisch hörst, wirst du nur noch tiefer in Not und Unruhe hineingleiten. Wende dich deshalb wieder dem Geist Gottes zu, und erlaube Ihm, dir zu helfen, deine Situation wieder in Ordnung zu bringen. Der Heilige Geist hat immer die richtige Antwort für jedes Problem!

Der Heilige Geist wird dich in die Buße führen, damit Gott dir vergeben kann. „Wenn wir [freimütig] zugeben, daß wir gesündigt haben und unsere Sünden bekennen, ist er treu und gerecht [wie es seinem eigenen Wesen und seinen Verheißungen entspricht], daß er uns die Sünden vergibt [unsere Gesetzlosigkeit erläßt] und uns beständig von jeder Ungerechtigkeit – von allem, was nicht in Übereinstimmung mit seinem Willen, seinen Gedanken und seinem Handeln ist – reinigt" (1. Jo. 1, 9; *Amplified*).

Die fleischliche Natur verleitet uns zu Werken, von denen wir denken, daß sie Gott gefallen. Sie versucht immer, für Fehler zu bezahlen, statt einfach Gottes Geschenk der Vergebung und Wiederherstellung anzunehmen.

Mit Schuld umgehen

Der Herr gab mir einmal eine großartige Offenbarung über Schuld.

Seit ich denken kann, fühlte ich mich schuldig. Schuld war mein ständiger Begleiter. Sie war bei mir, wohin ich auch ging. Der Anfang wurde in meiner frühen Kindheit gelegt, als ich sexuell mißbraucht wurde. Obwohl mein Vater mir sagte, daß das, was er mir antat, nicht falsch war, fühlte ich mich schmutzig und schuldig. Als ich älter war, wurde mir natürlich bewußt, daß sein Handeln falsch war, aber ich hatte keine Möglichkeit, ihn aufzuhalten, und meine Schuldgefühle wurden immer stärker.

Was ist Schuld, und wie fühlt sie sich an? Schuld ist ein Druck, eine unerträgliche Last, die den Geist niederdrückt. Jesus ist unsere Herrlichkeit, und *Er hebt* unser Haupt *empor* (Ps. 3, 4). Satan ist der Verkläger (Offb. 12, 10); er möchte uns zerstören. Schuld bewirkt, daß alles dunkel und schwer wird. Sie macht uns müde und laugt uns aus. Sie stiehlt uns unsere Energie und schwächt die Kraft, die wir brauchen, um der Sünde und Satan zu widerstehen. Das Ergebnis davon ist, daß Schuld und Verdammnis noch mehr Sünde mit sich bringen.

Ich glaube, ich war regelrecht süchtig nach Schuld. Ich kann mich nicht daran erinnern, mich jemals schuldlos gefühlt zu haben! Auch wenn ich nichts Schlechtes oder Sündiges getan hatte, fand ich einen Grund, mich *schlecht* zu fühlen.

Eines Tages war ich beispielsweise einkaufen, und wie immer saß mir mein ständiger Begleiter, die Schuld, im Nacken. Ich weiß nicht mehr, was ich damals falsch gemacht hatte; es ist auch nicht wichtig, denn irgend etwas gab es immer. Ich stieg gerade aus meinem Wagen und wollte in einen Laden gehen, als der Heilige Geist zu mir sagte: „Joyce, wie willst du Vergebung für diese Sünde bekommen?" Ich wußte die richtige Antwort. Ich sagte: „Ich werde das Opfer, das Jesus am Kreuz für mich brachte, annehmen." Oft wissen wir zwar die richtige Antwort, wenden sie aber auf unsere eigene Situation nicht an.

Schönheit statt Asche

Der Heilige Geist fuhr fort: „Gut, Joyce, und *wann* hast du vor, Jesu Opfer anzunehmen?" In diesem Moment traf mich die Erkenntnis wie ein Blitzschlag! Ich begriff, daß ich zwei oder drei Tage warten konnte, bis ich mich lange genug schuldig *gefühlt* hatte, und dann Gottes Vergebung annehmen oder die Vergebung sofort erhalten konnte!

Ich hatte bis dahin zwar immer sofort um Vergebung für meine Sünden gebetet, aber sie erst dann angenommen, als ich das *Gefühl* hatte, ich hätte genug gelitten, um für sie zu bezahlen. Nun hatte Gott mir gezeigt, was ich getan hatte und wieviel unnötige Pein ich mir selbst auferlegt hatte. Er zeigte mir auch, daß mein Verhalten beleidigend für Jesus war, denn im Grunde sagte ich damit: „Herr, das Opfer deines Lebens und deines Blutes war gut, aber nicht ausreichend. Ich muß meine Schuldgefühle hinzufügen, bevor mir vergeben werden kann."

An diesem Tag wurde ich frei von Schuld und Verdammnis. Ich möchte dich ermutigen, dasselbe zu tun. Denk immer daran: Schuld hat nichts Gutes an sich! Sie bringt nur negative Resultate hervor:

1. Schuld raubt dir deine Energie; sie kann dich körperlich oder geistig krank machen.

2. Schuld blockiert die Gemeinschaft mit Gott. In Hebräer 4, 15-16 heißt es: „Denn wir haben keinen Hohenpriester, der unsere Schwachheiten und unserer Anfälligkeit gegenüber den Angriffen der Versuchung nicht verstehen, mit uns sympathisieren und mitfühlen kann, sondern der in allem in gleicher Weise in jedem Bereich wie wir versucht worden ist, doch ohne Sünde. Laßt uns nun furchtlos und zuversichtlich und *mutig* hinzutreten zum Gnadenthron – dem Thron der unverdienten Gunst Gottes [für uns Sünder], damit wir Barmherzigkeit [für unser Versagen] empfangen und in rechter Zeit Gnade finden für jede Not – angemessene und zeitlich passende Hilfe, die genau dann kommt, wenn wir sie brauchen" (*Amplified*).

3. Schuld will uns einreden, daß wir versuchen müssen, für sie zu bezahlen.

4. Schuld beraubt uns unserer geistigen Energie. Sie macht uns schwach und unfähig, erneuten Attacken des Feindes zu widerstehen. Erfolgreiche geistige Kriegsführung erfordert, den „Brustpanzer der Ge*RECHT*igkeit" zu tragen (Eph. 6, 14). Schuld treibt dich noch mehr in Sünde hinein.

5. Schuld übt solch enormen Druck auf dich aus, daß es schwierig ist, mit anderen auszukommen. Es ist fast unmöglich, mit der Last der Schuld zu leben und dennoch die Frucht des Geistes hervorzubringen (Gal. 5, 22-23).

Anhand dieser Liste kannst du sicher erkennen, daß es gut ist, sich von Schuld zu befreien. Laß sie gehen! Sie ist vom Teufel und hat den Zweck, dich davon abzuhalten, dein Leben und deine Beziehung zum Herrn zu genießen.

Wenn du ein großes Problem mit Schuld hast, mußt du vielleicht jemanden bitten, für dich zu beten. Wenn dein Glaube groß genug ist, bete für dich selbst. Wie auch immer, Schuld zerstört deinen Glauben. Wenn du für lange Zeit unter einer Last von Schuld und Verdammnis gelebt hast, muß dein Glaube vielleicht gestärkt werden. Hol dir die Hilfe, die du brauchst. Weigere dich, noch länger von Schuld und Verdammnis niedergedrückt zu werden.

Wie verhält es sich mit dem Schamgefühl?

Nachdem wir uns mit dem Thema Schuld befaßt haben, gehen wir zum Schamgefühl über.

Es gibt ein Schamgefühl, das gesund und normal ist. Wenn ich etwas verliere oder kaputtmache, das jemand anderem gehört, schäme ich mich wegen meines Versagens. Ich wünsche mir, ich wäre nicht so unachtsam und nachlässig gewesen. Es tut mir leid, aber ich kann um Vergebung bitten, sie erhalten, und mein Leben weiterleben. Ein gesundes Schamgefühl erinnert uns daran, daß wir Menschen mit Schwächen und Grenzen sind.

Wie ist es zu verstehen, wenn wir in 1. Mose 2, 25 lesen, daß Adam und Eva im Garten Eden nackt waren und sich nicht schämten? Abgesehen davon, daß sie keine Kleider trugen, waren sie absolut offen und ehrlich miteinander, sie versteckten sich nicht hinter Masken und spielten einander nichts vor. Sie waren völlig frei, sie selbst zu sein, denn sie kannten kein Gefühl von Scham. Als sie jedoch gesündigt hatten, versteckten und bedeckten sie sich (1. Mo. 3, 6-8).

Die Menschen sollten fähig sein, die vollkommene Freiheit untereinander und mit Gott zu genießen, aber sehr wenige sind tatsächlich in der Lage dazu. Die meisten spielen anderen etwas vor. Sie erschaffen falsche Persönlichkeiten, hinter denen sie sich verstecken. Sie tun, als wären sie nicht verletzt, obwohl sie es sind oder täuschen vor, niemanden zu brauchen, obwohl sie dringend Hilfe benötigen würden.

Es gibt ein *zerstörerisches Schamgefühl*, das die Lebensqualität eines Menschen drastisch einschränken kann. Dies geschieht, wenn ein Mensch, der mißbraucht oder mißhandelt wurde, das Schamgefühl, das er fühlt, zu einem Bestandteil seiner Persönlichkeit macht. Er schämt sich nicht mehr dessen, was ihm angetan worden ist, sondern er *schämt sich seiner selbst*.

Der Betreffende nimmt das Schamgefühl als einen Teil seiner Persönlichkeit an, so daß es zum Kern seiner Existenz wird. Alles in seinem Leben wird von seinen Gefühlen vergiftet, und er verwandelt sich in eine schamhafte Person.

Ich war früher selbst eine solch schamhafte Person, wobei mir gar nicht bewußt war, daß ich mich meiner selbst schämte. Ich sah die Ergebnisse der Schamgefühle in meinem Leben und versuchte, die Auswirkungen statt die Wurzeln zu behandeln, was natürlich erfolglos blieb.

Die Definition des Wortes *beschämt* in 1. Mose 2, 25 der *King James Version* ist: „... enttäuscht, zögerlich sein, ... verdammt." [1]

Das Wort *verdammt* bedeutet, frustriert oder verwirrt zu sein.

Websters New World Dictionary definiert das Verb *verdammen* als:

---

[1] James Strong: *Strong's Exhaustive Concordance of the Bible* (Nashville: Abingdon 1978), „Hebrew and Chaldee Dictionary," S. 19, Eintrag Nummer 954.

'…verwirren'; 'bestürzt machen'; 'verurteilen'. Das Verb *verurteilen* bedeutet laut Webster wiederum: 'zu einem unglücklichen Schicksal verurteilt sein'; 'Jüngstes Gericht'; 'feindlich kritisiert werden'; 'den Ruin verursachen'; 'versagen'.[2]

Wenn du dir die Zeit nimmst, diese Definitionen genau zu studieren, wirst du vielleicht entdecken, daß das Schamgefühl die Wurzel deines Problems ist.

Der Umgang mit Schamgefühlen

Laß mich aus meiner Erfahrung etwas über Schamgefühle sagen.

Mein Leben war voller Verwirrung, weil ich verzweifelt versuchte, richtig zu handeln (damit ich mich „recht fühlen" konnte), aber egal was ich tat, ich versagte immer. Es schien, als wäre ich dazu *verdammt* zu versagen. Natürlich versagte ich nicht in allem. Ich war erfolgreich in der Gesellschaft und in einigen anderen Bereichen, doch ich versagte, wenn es um meinen göttlichen Lebenswandel ging. Ich war immer niedergeschlagen, denn was immer ich äußerlich zustande brachte, in meinem Inneren fühlte ich mich ständig schlecht.

Ich schämte mich meiner selbst!

Ich mochte mich nicht, wie ich war. Ich mochte meine grundsätzliche Persönlichkeit nicht. Ich lehnte mein wahres Ich ab und versuchte jemand oder etwas zu sein, was ich nicht war und niemals sein konnte. (Ich werde dieses Thema in einem späteren Kapitel ausführlicher behandeln.)

Tausende von Christen verbringen ihr ganzes Leben unter diesen erbärmlichen Bedingungen – weit unterhalb ihrer rechtmäßigen Position als Erben Gottes und Miterben Jesu Christi (Röm. 8, 17). Ich weiß das, weil es mir genauso ging.

Es war ein großer Tag für mich, als der Heilige Geist mir klar machte, daß das Schamgefühl der Ursprung vieler meiner Probleme war! Es

---

[2] *Webster's New World Dictionary*, 3. Auflage der College-Ausgabe, unter „confound".

Schönheit statt Asche

gibt Verheißungen in Gottes Wort, die uns versichern, daß wir vom Gefühl der Scham befreit werden können, wie beispielsweise Jesaja 61, 7 (*Amplified*):

Für eure [frühere] Schande sollt ihr eine zweifache Wiedergutmachung erhalten; statt Schande und Schmach soll sich dein Volk in ihrem Erbteil freuen, darum werden sie in ihrem Land das Doppelte [was sie verwirkt hatten] besitzen, ewige Freude wird ihnen zuteil.

Großartig! Wir werden diese Passage, die zweifache Wiedergutmachung verspricht, genauer untersuchen. Eine Belohnung ist eine Vergeltung oder Entschädigung für Verletzung. Mit anderen Worten, wenn du auf Gott vertraust und seinen Weg gehst, wird Er dafür sorgen, daß du für jede Ungerechtigkeit, die dir jemals zugefügt wurde, entschädigt wirst. Du wirst das Doppelte von dem erhalten, was du verwirkt oder verloren hast, und du wirst immerwährende Freude haben! Das ist ein wundervolles Versprechen, und ich kann bezeugen, daß es wahr ist. Gott hat all das für mich getan, und Er wird es auch für dich tun.

In Jesaja 54, 4 finden wir eine andere Verheißung vom Herrn:

Fürchte dich nicht, denn du wirst nicht zuschanden, und schäme dich nicht, denn du wirst nicht beschämt dastehen! Sondern du wirst die Schande deiner Jugend vergessen und nicht mehr [ernsthaft] an die Schmach deiner Witwenschaft denken.

Das ist noch besser! Wie begeisternd und ermutigend ist es zu wissen, daß du die Verletzungen aus deiner Vergangenheit vergessen wirst und dich niemals ernsthaft an diese harten und leidvollen Zeiten erinnern mußt!

Es gibt auch eine Verheißung, auf die du dich berufen kannst, wenn du noch mißbraucht oder mißhandelt wirst. Vielleicht hast du den Eindruck vom Herrn, daß du diesen verbalen oder emotionalen Mißbrauch eine Zeitlang ertragen sollst, weil Er an der Person, die dich verletzt, arbeitet. Wie kannst du dich davor schützen, eine schamhafte Persönlichkeit zu entwickeln? Das Gebet des Psalmisten kannst du auch für dich in Anspruch nehmen: „Bewahre meine

Seele und rette mich! Laß mich nicht zuschanden werden, denn ich berge mich bei dir" (Ps. 25, 20).

Gott kann dich vor Scham bewahren. Ich schlage vor, daß du immer, wenn du beleidigt, beschimpft oder mißbraucht wirst, sofort betest und Gott bittest, dich vor dem Schamgefühl, das sich in dir aufbauen will, zu bewahren. Benutze dieses Wort in Psalm 25, 20 als zweischneidiges Schwert gegen den Feind (in diesem Fall gegen das Schamgefühl).

Das folgende Beispiel zeigt dir, wie du aus dieser Methode Nutzen ziehen kannst.

Ich bin mit der Frau eines Pastors befreundet, die keinerlei Probleme in der sexuellen Beziehung mit ihrem Mann hat, obwohl sie von Verwandten viele Jahre lang sexuell mißbraucht worden ist. Ich dagegen hatte infolge des sexuellen Mißbrauchs sehr viele Probleme in der sexuellen Beziehung mit meinem Mann zu überwinden.

Was machte den Unterschied? Als ich meine Freundin danach fragte, entdeckte ich, daß sie während ihrer Kindheit einen starken Glauben an Gott aufrecht erhalten hatte. Der Mißbrauch begann, als sie vierzehn Jahre alt war. Zu dieser Zeit hatte sie bereits viele Jahre gute christliche Gemeinschaft und ein aktives Gebetsleben gehabt. Jedesmal, wenn sie mißbraucht wurde, bat sie Gott, sie zu beschützen, daß die sexuelle Beziehung zu ihrem späteren Ehemann dadurch nicht belastet werden würde. Sie wußte, daß sie eines Tages einen Pastor heiraten würde, weil der Herr es ihr bereits offenbart hatte. Ihre Gebete schützten sie vor Schamgefühl und Gebundenheit in diesem Bereich.

Ich für meinen Teil wußte nicht genug über Gott, um meinen Glauben durch Gebet zu stärken. Deshalb wurde das Schamgefühl zu einem grundlegenden Teil von mir, bis ich Gottes Verheißung, mich zu erretten, kennenlernte. Auch du kannst vom Schamgefühl befreit werden, denn sie ist die Ursache vieler komplexer innerer Probleme, wie beispielsweise:

Entfremdung

Zwanghaftes Verhalten (Drogen/Alkohol/chemische Stoffe; Eßstörungen;) Abhängigkeit von Geld, Arbeit oder anderen Dingen oder

Aktivitäten; sexuelle Perversion; übermäßiger Drang, Kontrolle auszuüben; fehlende Selbstkontrolle oder Selbstdisziplin; Klatschen; verurteilender Geist usw.)

Depression

Tiefe Minderwertigkeit („Etwas-stimmt-nicht-mit-mir"-Denken)

Versagen

Isolierende Einsamkeit

Mangelndes Vertrauen

Neurotisches Verhalten (ein Neurotiker übernimmt zuviel Verantwortung; wenn es Konflikte gibt, nimmt er automatisch an, daß es seine Schuld ist.)

Perfektionismus

Schüchternheit (Furcht vor allem)

Depressionen

Wie er in seinem Herzen denkt, so ist er ...
                            Sprüche 23, 7 (*Amplified*)

Laß mich zum Abschluß etwas über Depressionen sagen. Extrem viele Menschen leiden unter diesem schrecklichen Zustand, der viele Komplexe verursacht, wie beispielsweise Schamgefühl. Wenn du zu Depressionen neigst, kann das ein Zeichen für ein tieferes Problem sein: eine Wurzel vom Schamgefühl.

Menschen, die Schamgefühle tief in sich tragen, denken und sprechen negativ über sich selbst. Derart falsches Denken und Reden übt einen starken Druck auf den Geist aus. Das ist ein großes Problem, weil Menschen von Gott für Rechtschaffenheit, Liebe und Annahme erschaffen wurden. Gott gießt diesen Segen ständig über seine Kinder aus, aber viele von ihnen wissen nicht, wie sie ihn empfangen können.

Du kannst diesen Segen Gottes nicht erhalten, wenn du gegen dich selbst bist. Wenn du ein Problem in diesem Bereich hast, sitz nicht untätig da und erlaube dem Teufel, dich zu zerstören. Konfrontiere deinen geistigen Feind mit geistiger Aktivität. Ändere dein Denken und Sprechen. Fang damit an, *bewußt* zu denken, und sage nur Gutes über dich selbst. Mach eine Liste, was das Wort über dich sagt und über deine besten Eigenschaften, und lies sie mehrmals täglich. Das könnte so aussehen: Ich bin die Gerechtigkeit Gottes in Christus (2. Kor. 5, 21). Gott liebt mich (Joh. 3, 16). Ich habe Gaben und Fähigkeiten vom Herrn bekommen (Röm. 12, 6-8). Ich bin kostbar und wertvoll (Jes. 43, 4) … und so weiter.

Eine andere weise Maßnahme ist, dich von einem Arzt komplett untersuchen zu lassen, um die Möglichkeit körperlicher Leiden, die deine geistige und emotionale Zielsetzung beeinträchtigen könnten, auszuschließen. Wenn deine Depressionen nicht durch ein gesundheitliches Problem verursacht werden, können sie für gewöhnlich anhand von negativem Denken und Reden festgestellt werden. Auch wenn die Depression durch ein körperliches Leiden (hormonelle oder chemische Schwankungen etc.) verursacht wird, wird der Teufel sich einen Vorteil daraus schaffen. Er wird dir viele negative Gedanken anbieten, die das Problem noch viel schlimmer erscheinen lassen, als es tatsächlich ist, wenn du sie annimmst und dich mit ihnen beschäftigst.

Ich wiederhole: *Wenn du deprimiert bist, prüfe deine Gedanken. Es ist nicht Gottes Wille, daß du niedergeschlagen bist.*

Jesaja 61, 3 (*Luther*) sagt, daß der Herr uns „Lobgesang statt eines betrübten Geistes" gegeben hat.

Nach Psalm 3, 4 ist Er ein Schild für uns, unsere Ehre und der, der unser Haupt emporhebt.

„… die Freude am Herrn, sie ist eure Kraft und euer Schutz" (Neh. 8, 10; *Amplified*).

Glaube an das, was das Wort über dich aussagt, denn das wirst du werden. Wenn du glaubst, was der Teufel über dich sagt, wirst du entsprechend umgeformt werden. Die Wahl liegt bei dir: „So wähle das Leben, damit du lebst, du und deine Nachkommen" (5. Mo. 30, 19).

9
Selbstablehnung und Selbsthaß

Scham verursacht Selbstablehnung und in manchen Fällen auch Selbsthaß. In extremen Fällen kann sich das bis zum Selbstmißbrauch einschließlich Selbstverstümmelung entwickeln. Ich habe einigen Menschen gedient, die mir Narben auf ihrem Körper gezeigt haben, die sie sich durch Schnitte, Verbrennungen oder Bisse selbst zugefügt hatten. Ich habe auch blaue Flecken gesehen, wo sie sich selbst geschlagen hatten und kahle Stellen, wo sie sich die eigenen Haare ausgerissen hatten.

Manche Menschen hungern, um sich selbst zu bestrafen. Andere verhalten sich so widerwärtig, daß sie abgelehnt werden. Da sie sich selbst ablehnen, sind sie überzeugt, daß sie auch von anderen abgelehnt werden, und so verhalten sie sich entsprechend ihrem Selbstbild. Die Liste der möglichen Probleme ist endlos, aber ich bin sicher, du siehst, auf was ich hinaus will:

Du kannst nicht über das Bild hinauswachsen, das du selbst von dir hast – egal wie viele gute Dinge Gott in seinem Wort über dich sagt. Ungeachtet all der wundervollen Pläne, die Gott für dein Leben haben mag, keiner von ihnen wird ohne deine Mitarbeit zu verwirklichen sein.

Du mußt glauben, was Gott sagt.

Gottes Meinung über dich und sein Wille für dich

Wenn du von den Folgen des Mißbrauchs geheilt werden möchtest, darfst du den Meinungen anderer Menschen nicht erlauben, deinen Wert zu bestimmen – obwohl die Art und Weise, wie du in der Vergangenheit mißhandelt wurdest, das Gegenteil zu beweisen scheint. Menschen, die sich selbst für wertlos halten, werden immer versuchen etwas an dir zu finden, das nicht in Ordnung ist, damit sie sich selbst ein bißchen besser fühlen. Behalte im Gedächtnis, daß das ihr Problem ist, nicht deines.

Schönheit statt Asche

In Johannes 3, 18 sagt Jesus, daß niemand, der an Ihn glaubt, *jemals* von Ihm oder seinem himmlischen Vater verworfen wird. Wenn Gott dich aufgrund deines Glaubens an seinen Sohn Jesus Christus annimmt, dann kannst du dich dafür entscheiden, dich selbst anzunehmen, damit dein Heilungsprozeß weitergehen kann.

Es mag sein, daß du dich nicht völlig ablehnst, sondern nur Teile von dir, die dir nicht gefallen. Ich dagegen habe meine gesamte Persönlichkeit abgelehnt. Ich verstand nicht, daß ich eine göttliche Berufung zum vollzeitlichen Dienst für mein Leben hatte und daß Gott mich mit meinem Temperament ausgestattet hatte, damit ich das tun konnte, was Er für mich vorbereitet hatte. Natürlich war meine Persönlichkeit durch die Jahre des Mißbrauchs zerbrochen und bedurfte der Korrektur des Heiligen Geistes, aber es war trotzdem die Persönlichkeit, die Gott für mich ausgewählt hatte. Da ich diese Tatsache jedoch nicht verstand, dachte ich, ich müßte ein völlig anderer Mensch werden. Ich versuchte ständig, jemand anderer zu sein, doch das war nicht Gottes Wille für mich – und es ist auch nicht sein Wille, daß du jemand anderer wirst.

Denke daran: Gott will dir helfen, alles zu sein, das *du* sein kannst – alles, zu dem du ursprünglich bestimmt warst. Aber Er wird dir niemals erlauben, dabei erfolgreich zu sein, jemand anderer zu werden.

Ein vom Heiligen Geist bestimmter Charakter

Hast du schon einmal über einen anderen Menschen, einen Freund oder vielleicht einen geistlichen Leiter gedacht: „Er ist so, wie Menschen sein *sollten*", oder: *„Jeder* mag sie und akzeptiert sie"? Vielleicht hast du unbewußt versucht, wie diese Person zu sein.

Natürlich können andere Menschen uns ein Vorbild sein, aber wenn wir uns ihre Verhaltensmuster aneignen, muß es dennoch unser eigenes persönliches Flair dieser guten Züge sein, das uns charakterisiert.

Ich habe eine starke, geradlinige, entschlossene und verantwortungsbewußte Persönlichkeit. Gott hat diese Eigenschaften in mich hineingelegt, um mir zu helfen, seine Berufung für mein Leben zu erfüllen. Dennoch habe ich viele Jahre gekämpft und war frustriert, weil ich versuchte schüchtern, mild, sanft, ruhig und nett zu sein. Ich versuchte verzweifelt, nicht so bestimmt und aggressiv zu sein.

Die Wahrheit ist, daß ich vergebens versuchte, mich nach dem Vorbild der Frau meines Pastors, meines Mannes und verschiedener Freunde, die ich respektierte und bewunderte, zu formen. Meine Anstrengungen hatten lediglich das Ergebnis, daß ich noch frustrierter war und es noch schwieriger wurde, mit mir umzugehen. Was ich lernen mußte, war, nicht mehr länger zu versuchen, jemand anderer zu sein, sondern einfach „das Beste, was ich sein konnte" zu werden. Ja, ich brauchte Veränderung. Ich brauchte mehr vom Heiligen Geist – besonders Freundlichkeit, Sanftmut und Demut – weil ich zu hart und zu rauh war. Aber als ich gelernt hatte, mein inneres, gottgegebenes Temperament zu akzeptieren, war ich fähig, mich vom Heiligen Geist so verändern zu lassen, wie Er mich haben wollte.

Als ich mich nicht mehr selbst abmühte, konnte der Heilige Geist meine Kräfte benutzen und meine Schwächen kontrollieren. Ich entwickelte einen vom Heiligen Geist bestimmten Charakter.

Seitdem sind viele Jahre vergangen, und ich lernte schließlich, daß ich mich akzeptieren und lieben mußte, statt mich zu hassen und abzulehnen. So entdeckte ich das Geheimnis eines vom Geist kontrollierten Temperaments. Der Schlüssel ist, viel Zeit in der Nähe des Herrn zu verbringen und kontinuierlich Hilfe von Ihm zu erhalten.

Gestärkt am inneren Menschen

[Ich bete zu Gott,] er gebe euch nach dem Reichtum seiner Herrlichkeit, mit Kraft gestärkt zu werden durch seinen Geist an dem inneren Menschen; daß der Christus durch den Glauben in euren Herzen wohne und ihr in Liebe gewurzelt und gegründet seid.

Epheser 3, 16-17

Ich habe immer noch Schwächen, aber solange ich im Herrn bleibe und Ihn suche, verleiht Er mir die Kraft, die ich brauche, um meine Stärken und nicht meine Schwächen zu zeigen.

In Epheser 3, 16-17 betete der Apostel Paulus, daß die Gläubigen in Ephesus „in ihrem Inneren" gestärkt würden, damit der Heilige Geist

Schönheit statt Asche

ihrem tiefsten Sein ihrer Persönlichkeit innewohnen möge. Das ist es, was wir unbedingt brauchen. Gott sagte zu Paulus, daß seine Kraft in Schwachheit zur Vollendung kommt (2. Kor. 12, 9). Wenn wir in einem bestimmten Bereich schwach sind, müssen wir uns deshalb nicht hassen oder ablehnen. Wie Paulus haben wir das große Privileg, unsere Schwachheit zuzulassen und den Heiligen Geist zu bitten, die Kontrolle über sie zu übernehmen.

In meinem Fleisch tendiere ich immer noch dazu, hitzig und grob zu sein. Durch die Gnade, Stärke und Kraft des Herrn kann ich jedoch „die Frucht des Geistes" hervorbringen (Gal. 5, 22-23) und nett, freundlich, verständnisvoll und langmütig sein.

Das bedeutet nicht, daß ich nie versage. Wie jeder andere passieren mir Ausrutscher und Fehler. Aber ich habe verstanden, daß ich nicht perfekt sein muß, um Annahme, Liebe und Hilfe vom Herrn zu bekommen, genauso wenig wie du.

Gott ist *für* dich! Er will von *dir*, daß du für *dich* bist. Der Teufel ist *gegen* dich, und er möchte dich dazu bringen, daß *du* gegen *dich* bist.

Bist du für dich oder gegen dich? Arbeitest du an Gottes Plan für dein Leben oder an des Teufels Plan? Bist du in Übereinstimmung mit Gott oder mit dem Feind?

Begnadigt in dem Geliebten

Wie er [Gott] uns in ihm [Jesus] auserwählt hat vor Grundlegung der Welt, daß wir heilig und tadellos vor ihm seien in Liebe ... zum Preise der Herrlichkeit seiner Gnade, mit der er uns begnadigt hat in dem Geliebten.

Epheser 1, 4-6

Im 2. Mose 19, 5 (*Amplified*) sagt der Herr seinem Volk, daß es sein eigener „besonderer Besitz und Schatz" ist. Dieses Wort kann man heute auf uns genauso anwenden wie auf die Kinder Israel. In Johannes 3, 18 sagte Jesus zu Nikodemus, daß niemand, der an Ihn glaubt, jemals verdammt (gerichtet) werden wird. Du fühlst dich vielleicht nicht geschätzt oder angenommen, aber du bist es. In Epheser 1, 6 sagt Paulus, daß alle, die an Christus glauben „begnadigt sind

Selbstablehnung und Selbsthaß

in dem Geliebten". Das sollte uns ein Gefühl von persönlichem Wert und persönlicher Würde geben.

Ich stand einmal in einer Gebetsreihe, als ich zufällig hörte, wie eine Frau neben mir zu dem Pastor, der ihr diente, sagte, wie sehr sie sich selbst haßte und verachtete. Der Pastor wurde sehr ernst und tadelte sie streng: „Was glaubst du, wer du bist? Du hast kein Recht, dich selbst zu hassen. Gott hat einen hohen Preis für dich und deine Freiheit bezahlt. Er liebte dich so sehr, daß Er seinen einzigen Sohn sandte, um für dich zu sterben … um an deiner Stelle zu leiden. Du hast kein Recht, dich zu hassen oder abzulehnen. Dein Teil ist es anzunehmen, was Jesus dir geben will und wofür Er starb!"

Die Frau war schockiert, und ich war es auch. Dennoch ist manchmal ein hartes Wort nötig, damit wir die Falle erkennen, die Satan uns gestellt hat.

Selbstablehnung und Selbsthaß können in mancherlei Hinsicht religiös und fromm erscheinen. Sie können zu einer Möglichkeit werden, uns selbst für unsere Fehler, unsere Unfähigkeit und unser Versagen zu bestrafen. Wir können nicht perfekt sein, also lehnen wir uns selbst ab und verachten uns.

Ich bitte dich, über die prophetischen Worte in Jesaja 53, 3, die unseren Herrn Jesus Christus beschreiben, nachzudenken: „Er war verachtet und von den Menschen verlassen, ein Mann der Schmerzen und mit Leiden vertraut, wie einer, vor dem man das Gesicht verbirgt. er war verachtet, und wir haben ihn nicht geachtet."

Kannst du deine eigene Würde und deinen Wert nicht erkennen? Du bist ganz sicher wertvoll, sonst hätte dein himmlischer Vater nicht einen so hohen Preis für deine Erlösung bezahlt.

In Jesaja 53, 4-5 lesen wir weiter, daß Christus „… unsere Leiden [Krankheiten, Schwächen, Bedrängnis] – er hat sie getragen … Er war durchbort um unserer Vergehen willen, zerschlagen um unserer Sünden willen. Die Strafe [die notwendig war] lag auf ihm zu unserem Frieden, und durch seine Striemen ist uns Heilung geworden" (*Amplified* in Klammern).

Schönheit statt Asche

Das „Heilungspaket", das von Jesus mit seinem Blut erkauft wurde, ist für alle, die glauben und empfangen werden. Dieses Paket beinhaltet sowohl die Heilung der Gefühle als auch des Körpers. Wenn ein Mensch versagt hat, verlangt die Justiz Verwerfung, Verachtung und Verurteilung. Aber Jesus hat all das für uns getragen, als Er für unsere Sünden litt. Was für eine herrliche Wahrheit!

Weil Jesus für unsere Sünden samt des Hasses, der Zurückweisung und Verurteilung, die sie verdienten, am Kreuz gestorben ist, mußt du dich nicht länger ablehnen oder hassen.

Tu' einmal etwas Außergewöhnliches: Leg deine Arme um dich selbst und umarme dich selbst ganz fest. Dann sag laut: „Ich lehne mich nicht länger ab! Statt dessen nehme ich mich selbst in Christus an. Ich liebe mich. Ich bin nicht vollkommen, aber mit der Hilfe des Herrn kann ich mich jeden Tag verbessern."

Wie soll man mit Ablehnung von anderen umgehen?

Und Jesus nahm zu an Weisheit und Alter und Gunst bei Gott und Menschen.

Lukas 2, 52

Höchstwahrscheinlich wirst du früher oder später in irgendeiner Form Ablehnung erfahren. Nicht jeder wird dich mögen. Einige Menschen werden ihre Ablehnung vielleicht auch auf aggressive Art zum Ausdruck bringen. Es ist äußerst hilfreich, wenn du eine reife Haltung in diesem Bereich entwickelst. Ich bitte Gott um seine Gunst und um die von Menschen, und ich glaube, daß Er dafür sorgt. Ich schlage dir vor, dasselbe zu tun. Hier ist ein Gebet, das dir helfen soll, eine akzeptable Haltung zu bekommen:

Herr, heute werde ich mein Bestes tun, mit deiner Hilfe und für deine Herrlichkeit. Es ist mir bewußt, daß es viele verschiedene Menschen mit einer Vielzahl von Meinungen und Erwartungen in der Welt gibt. Ich werde vermutlich nicht allen immer gefallen. Ich werde mich deshalb darauf konzentrieren, Dir, meinem Gott, zu gefallen, nicht mir selbst oder anderen Menschen. Den Rest lege ich in deine Hände, Herr. Gewähre mir deine Gunst und die von Menschen, und forme mich weiterhin in das Bild deines geliebten Sohnes um. Danke, Herr.

Niemandem gefällt es, wenn er abgelehnt wird, aber wir alle können lernen, damit umzugehen und damit zu leben. Wir müssen in Erinnerung behalten, daß Jesus auch abgelehnt und verachtet wurde. Er besiegte die Ablehnung, indem Er treu Gottes Plan für sein Leben befolgte.

Ablehnung von anderen Menschen verletzt unsere Gefühle. Es tut sicher weh, dennoch müssen wir um unseretwillen daran denken, daß, der Helfer (der Heilige Geist) in uns lebt, um uns zu stärken, zu umgürten und zu trösten, wenn wir von neuem geboren sind.

Ich glaube, wir verschwenden wertvolle Zeit und Energie, wenn wir versuchen, Ablehnung zu vermeiden. Wir werden „menschengefällig"(Eph. 6, 6; Kol. 3, 22). Schließlich, so unsere Begründung, wird uns niemand ablehnen, wenn wir jeden immer glücklich machen. Wir bauen Mauern um uns herum auf, damit wir nicht verletzt werden. Das ist sinnlos. Gott hat mir gezeigt, daß es unmöglich ist, in dieser Welt zu leben, wenn man nicht verletzt werden will.

Ich habe einen wundervollen Ehemann, aber gelegentlich verletzt er mich. Da ich eine so schmerzvolle Vergangenheit habe, baue ich für gewöhnlich, wenn so etwas passiert, Mauern auf, um mich zu schützen. Schließlich kann mich niemand verletzen, wenn ich ihn nicht näher an mich heranlasse. Ich habe jedoch gelernt, daß, wenn ich andere durch Mauern ausgrenze, ich mich selbst eingrenze. Wenn wir um uns herum Mauern der Angst aufgebaut haben, müssen wir sie aus Glauben niederreißen.

Der Herr hat mir gezeigt, daß Er mein Beschützer sein will, aber Er kann es nicht sein, wenn ich fleißig versuche, mich selbst zu schützen. Er hat nicht versprochen, daß ich *nie* verletzt werde, aber Er hat versprochen, mich zu heilen, wenn ich zu Ihm komme statt zu versuchen, mich um alles selbst zu kümmern.

Menschen sind nicht vollkommen, deshalb verletzen und enttäuschen wir uns gegenseitig. Geh mit jeder alten Wunde zu Jesus, und nimm seine Gnade der Heilung an. Wenn dich etwas verletzt, gib diese neue Wunde Jesus. Laß sie nicht eitern! Gib sie dem Herrn, und laß Ihn auf seine Art damit umgehen, nicht auf deine.

Schönheit statt Asche

Nimm folgende Schriftstelle als persönliche Verheißung vom Herrn für dich an: „Denn ich will dir Genesung bringen und dich von deinen Wunden heilen, spricht der Herr, weil man dich eine Verstoßene nennt: Das ist Zion, nach dem niemand fragt!" (Jer. 30, 17).

Bekenne mit dem Psalmisten: „Sogar mein Vater und meine Mutter haben mich verlassen, aber der Herr nimmt mich auf [adoptiert mich als sein Kind]" (Ps. 27, 10; *Amplified* in Klammern).

Mit der Hilfe des Herrn kannst du Ablehnung ertragen und deine Erfüllung „in Ihm" finden.

10
Die Wurzel der Ablehnung und ihre Auswirkung auf Beziehungen

Ein Mensch, der die Wurzel von Ablehnung in seinem Leben hat, ist normalerweise im Bereich von Beziehungen gehemmt.

Um gesunde, liebevolle, andauernde Beziehungen aufrechtzuerhalten, darf ein Mensch keine Angst vor Ablehnung haben. Wenn diese Angst zu einem treibenden Faktor in seinem Leben wird, wird er seine Zeit eher damit verbringen, gesunde Beziehungen zu vermeiden, als sie aufzubauen.

Niemand kann leben, ohne jemals abgelehnt zu werden. Jeder erfährt Zurückweisung. Wenn jemand soviel davon erfahren hat, daß Narben zurückgeblieben sind, kann dies jemanden nicht nur dazu bringen, sich in Beziehungen zu anderen Menschen abnormal zu verhalten, sondern auch in seiner Beziehung zu Gott. Er wird vielleicht glauben, daß er nur *bedingt* geliebt wird. Aus dem Gefühl heraus, er müsse sich die Liebe anderer verdienen, widmet er sein Leben dem Versuch, ihnen zu gefallen. Er hat vielleicht Angst, daß sie ihm ihre Liebe entziehen, ihn ablehnen oder auch im Stich lassen, wenn er ihnen nicht gefällt.

Die Erinnerung an den Schmerz solcher Erfahrungen hemmt oft die persönliche Freiheit in Beziehungen. Menschen, die Angst vor Ablehnung und der daraus resultierenden Einsamkeit und Resignation haben, lassen am Ende oft zu, von anderen kontrolliert und manipuliert zu werden. Weil sie glauben, daß Akzeptanz von Leistung abhängig ist, sind sie mehr mit dem *Tun* als mit dem *Sein* beschäftigt. Weil sie Angst haben, sie selbst zu sein, betrügen sie sich und andere – sie täuschen vor, Menschen zu mögen, die sie verabscheuen; gerne an Orte zu gehen und Dinge zu tun, die sie hassen; und sie tun so, als ob alles in Ordnung sei, obwohl das nicht der Fall ist. Solche Menschen befinden sich beständig in einem elenden Zustand, weil sie sich fürchten, ehrlich zu sein und der Realität ins Auge zu sehen.

Täuschung! Täuschung! Täuschung!

Weil solche Menschen nicht glauben, daß sie liebenswert sind, benutzen sie oft die weltlichen Statussymbole (Geld, Ansehen, Kleidung, Talente usw.), um sich selbst und anderen zu beweisen, daß sie wertvoll sind. Sie leben ein erbärmliches Leben!

Wieviel Erfolg jemand nach weltlichen Maßstäben auch haben mag, er ist nicht wirklich erfolgreich, wenn er nicht weiß, wer er in Christus ist. Philipper 3, 3 (*Amplified*) ermahnt uns, wir sollen „uns in Jesus Christus rühmen und nicht uns auf das Fleisch [was wir sind] und auf äußere Privilegien und körperliche Vorteile und die äußere Erscheinung vertrauen oder verlassen."

Es ist wichtig, im Gedächtnis zu behalten, daß die Erscheinung nur die Art ist, wie wir aussehen, nicht, wie wir wirklich sind.

Ein Mensch, der die Wurzel der Ablehnung in sich trägt, ist unfähig, Liebe anzunehmen, auch wenn sie ihm freiwillig angeboten wird. Er kann nur dann Liebe annehmen, wenn er glaubt, daß er sie durch perfektes Verhalten verdient hat.

Ich erinnere mich an eine Frau, die für meinen Mann und mich arbeitete. Sie wuchs in einer Atmosphäre leistungsbezogener Annahme auf. Wenn sie in der Schule gut war, wurde sie von ihrem Vater geliebt; wenn sie nicht so gut war, wie er erwartete, versagte er ihr seine Liebe. Er verhielt sich nicht nur gegenüber seiner Tochter so, sondern auch gegenüber den anderen Familienmitgliedern; deshalb lernte sie, daß Liebe als Belohnung für perfekte Leistung gegeben und als Strafe für Fehler entzogen wird.

Wie die meisten Menschen wuchs sie auf, ohne zu erkennen, daß ihre Gefühle und ihr Glaube fehlerhaft waren. Sie nahm an, daß alle Beziehungen nach diesem Muster abliefen. Da sie eine Angestellte unseres Dienstes *Life In The Word* war, gab es Gelegenheiten, wo ich sie fragte, wie es mit ihrer Arbeit voranging, ob sie auf dem Laufenden war oder ob es irgendeine Aufgabe gab, die sie nicht fertig stellen konnte.

Mir fiel auf, daß sich diese Frau immer, wenn ich sie nach einer Arbeit fragte, die sie noch nicht erledigt hatte, sehr seltsam verhielt. Sie zog sich von mir zurück, vermied es, mit mir zu sprechen, und arbeitete in einem wahnsinnigen Tempo – woraufhin ich mich sehr unbehaglich fühlte. Tatsächlich fühlte ich mich *abgelehnt*.

Ich wußte, ich war ihre Arbeitgeberin und hatte das Recht, sie nach ihrer Arbeit zu fragen, ohne jedesmal ein Trauma zu erleben. Schließlich konfrontierte ich sie mit der Situation, was nur dazu beitrug, daß unsere Beziehung angespannt und verworren wurde. Es war offensichtlich, daß wir die Wurzel des Problems beide nicht verstanden.

Sie war eine Frau, die Gott wirklich liebte. Sie war sehr ernsthaft in ihrer Beziehung zu Ihm, so daß die Situation sie ins Gebet führte, um von Gott einige Antworten bezüglich ihres Verhaltens zu erbitten. Zu oft geben wir anderen die Schuld an unserem falschen Verhalten, statt den Herrn zu bitten, uns den Ursprung des Problems zu zeigen, damit wir befreit werden können.

Die Frau erhielt eine Offenbarung von Gott, die ihr ganzes Leben veränderte. Der Herr zeigte ihr, daß sie, weil ihr Vater sie abgelehnt hatte, wenn ihre Leistung nicht perfekt war, fälschlicherweise glaubte, daß jeder dies täte. Wenn ein Teil ihrer Arbeit nicht ganz fertig war, wenn ich sie danach fragte, war sie überzeugt, daß ich sie ablehnte; deshalb zog sie sich von mir zurück. *Ich hatte nicht aufgehört, sie zu lieben, aber sie hatte aufgehört, meine Liebe anzunehmen*, und so fühlte ich mich letztlich auch abgelehnt.

Wir tun oft dasselbe mit dem Herrn. Seine Liebe für uns basiert nicht auf irgend etwas das wir tun oder nicht tun. In Römer 5, 8 sagt uns Paulus, daß Gott uns auch geliebt hat, als wir noch in Sünde waren, und Ihn noch gar nicht kannten – oder uns nicht um Ihn kümmerten. Gottes Liebe fließt *immer* zu allen, die sie haben möchten. Aber wie diese Angestellte, die meine Liebe nicht annehmen konnte, lehnen wir oft Gottes Liebe ab, wenn wir glauben, daß wir sie aufgrund schlechter Leistungen nicht verdient haben.

Schönheit statt Asche

Die Angst vor Ablehnung führt dazu, daß wir andere ablehnen

Wenn du nicht glauben kannst, daß du grundsätzlich eine liebenswerte, wertvolle Person bist, wirst du nicht in der Lage sein, anderen abzunehmen, daß sie dich lieben. Wenn du glaubst, daß du vollkommen sein mußt, um es wert zu sein, Liebe und Akzeptanz zu erhalten, bist du ein Kandidat für ein miserables Leben, denn du wirst nie perfekt sein, solange du in einem menschlichen Körper bist.

Du hast vielleicht ein vollkommenes Herz, in dem der Wunsch ist, Gott in allen Dingen zu gefallen, aber deine Leistung wird diesem Wunsch nie entsprechen, bis du in den Himmel kommst. Du kannst dich die ganze Zeit verbessern und auf das Ziel der Vollendung zustreben, aber *du wirst immer Jesus brauchen, solange du hier auf dieser Erde bist*. Es wird keine Zeit geben, wo du seine Vergebung und sein reinigendes Blut nicht brauchst.

Wenn du deinen Wert im Glauben durch Christus nicht annimmst, wirst du immer unsicher und unfähig sein, anderen zu vertrauen, die dich lieben wollen. Menschen, die nicht vertrauen können, mißtrauen den Motiven anderer. Ich weiß, daß das wahr ist, denn ich hatte ein großes Problem in diesem Bereich. Auch wenn andere Menschen mir sagten, daß sie mich liebten, wartete ich immer darauf, daß sie versagten oder mich verletzten, enttäuschten oder mißbrauchten. Ich verdächtigte sie, etwas von mir zu wollen, weil sie so nett zu mir waren. Ich konnte einfach nicht glauben, daß mich jemand nur um meiner selbst willen mochte! Es mußte einen anderen Grund geben!

Ich fühlte mich so schlecht in bezug auf mich selbst, war so voller Schamgefühle, Verdammnis, Selbsthaß und Selbstablehnung, daß ich immer, wenn jemand versuchte, mir Liebe und Annahme zu zeigen, dachte: „Gut, wenn diese Person mich jetzt mag, wird sie mich nicht mehr mögen, wenn sie mein wahres Ich kennenlernt." Deshalb *bekam* ich keine Liebe von anderen Menschen oder von Gott. Ich lenkte sie mit meinem Verhalten, das immer widerwärtiger wurde, ab, indem ich jedem Beweise dafür erbrachte, daß ich nicht liebenswert war – was ich ja von mir selbst glaubte.

Was du in deinem Inneren über dich selbst denkst, entspricht dem, was du nach außen hin ausstrahlst. Wenn du dich reizlos und nicht liebenswert fühlst, wirst du dich entsprechend verhalten. Ich glaubte, ich sei nicht liebenswert und verhielt mich dementsprechend. Es war sehr schwirig, mit mir umzugehen. Ich war überzeugt davon, daß andere Menschen mich am Ende ablehnen würden, und das taten sie für gewöhnlich auch. Weil meine Haltung in meinen Handlungen zum Ausdruck kam, konnte ich keine gesunden, liebevollen und andauernden Beziehungen unterhalten.

Das „Beweis-mir-deine-Liebe"-Syndrom

Immer wenn jemand versuchte, mich zu lieben, übte ich großen Druck auf diese Person aus, es mir zu beweisen – unaufhörlich! Ich brauchte täglich eine gewisse Ration von Streicheleinheiten, damit ich mein gutes Gefühl über mich selbst aufrechterhalten konnte. Man mußte mir ständig für alles, was ich tat, Komplimente machen, sonst fühlte ich mich zurückgewiesen. Wenn ich die Bestätigung, nach der ich mich sehnte, nicht bekam, fühlte ich mich ungeliebt.

Es mußte alles nach meinen Vorstellungen gehen. Solange andere Menschen mir zustimmten und sich meinen Wünschen fügten, fühlte ich mich gut. Wenn jedoch jemand nicht mit mir übereinstimmte oder mein Verlangen ablehnte, sei es auch nur wegen einer Kleinigkeit, löste dies eine emotionale Reaktion aus, aufgrund derer ich mich zurückgewiesen und ungeliebt fühlte.

Ich stellte an die, die mich liebten, unerfüllbare Forderungen. Ich frustrierte sie. Ich war nie zufrieden mit dem, was sie mir gaben. Ich konnte ihnen nicht erlauben, ehrlich mit mir zu sein oder mich zu konfrontieren. Ich konzentrierte mich ganz auf mich selbst, und ich erwartete von allen anderen, dasselbe zu tun. Ich wollte, daß Menschen mir Selbstwertgefühl gaben, doch das kann nur Gott geben.

Inzwischen habe ich gelernt, daß mein Selbstwertgefühl und mein Wert in Christus liegen und nicht in äußeren Umständen oder anderen Menschen. Bis ich diese Wahrheit lernte, war ich sehr unglücklich und völlig unfähig, gesunde Beziehungen zu unterhalten.

Schönheit statt Asche

Es ist ein Schlüsselfaktor der emotionalen Heilung, Gottes Liebe zu empfangen, wie ich bereits in einem früheren Kapitel erwähnt habe. Wenn ein Mensch aufrichtig glaubt, daß Gott, der perfekt ist, ihn in seiner Unvollkommenheit liebt, dann kann er auch glauben, daß andere Menschen ihn lieben. Er entwickelt Vertrauen und kann die Liebe annehmen, die ihm entgegengebracht wird.

Seit ich an Gottes Liebe glaube und sie empfange, sind meine Grundbedürfnisse nach Liebe und Selbstwert gestillt. Ich verlange nicht mehr von anderen Menschen, mich ständig zu „festigen", um meiner selbst sicher zu sein. Wie jeder andere habe ich Bedürfnisse, die ich von Menschen gestillt haben möchte. Wir alle brauchen Ermutigung, Ermahnung und Auferbauung. Aber ich muß jetzt bei anderen Menschen keine Bestätigung meines Wertes mehr suchen.

Wenn mein Mann jetzt vergißt, mich für etwas, das ich getan habe, zu loben, bin ich vielleicht enttäuscht – aber nicht am Boden zerstört –, weil ich weiß, daß ich wertvoll bin, abgesehen von dem, was ich tue. Jeder mag es, wenn wahrgenommen und gelobt wird, was er tut, aber es ist wundervoll, auch ohne diese Anerkennung und Komplimente leben zu können!

Seit ich gelernt habe, daß mein Wert nicht in dem liegt, was ich tue, sondern wer ich in Christus bin, glaube ich nicht mehr, anderen Menschen etwas vorspielen zu müssen. Ich habe entschieden, daß sie mich entweder so mögen, wie ich bin, oder eben nicht. In beiden Fällen bin ich mir der Liebe Gottes sicher.

Es ist wichtig, daß wir um unserer selbst willen geliebt werden, und nicht aufgrund dessen, was wir tun. Wenn wir wissen, daß unser Wert in unserer Identität und nicht in unserer Leistung oder unserem Verhalten liegt, brauchen wir uns nicht darum zu kümmern, was andere über uns denken. Wir können uns auf sie und ihre Bedürfnisse konzentrieren, statt zu erwarten, daß sie ständig auf uns und unsere Nöte fixiert sind. Das ist die Basis von gesunden, liebevollen und andauernden Beziehungen.

11
Die Zuversicht, einzigartig zu sein

Was ist Zuversicht? Es wird definiert als „Gewißheit, die jemand dazu bringt, etwas zu unternehmen; der Glaube, daß man fähig und angenommen ist; die Sicherheit, die bewirkt, daß man kühn, offen und ehrlich ist."

Wenn du über diese drei Definitionen nachdenkst, wirst du sehen, warum der Teufel jeden angreift, der auch nur eine Spur von Zuversicht zeigt.

Menschen, die mißbraucht, zurückgewiesen oder verlassen worden sind, haben normalerweise kein Vertrauen mehr. Wie ich bereits in den vorangegangenen Kapiteln erwähnt habe, sind solche Menschen schamhaft, werden von Schuldgefühlen geplagt und haben ein sehr geringes Selbstwertgefühl.

Der Teufel beginnt seine Angriffe auf das persönliche Vertrauen, wann und wo immer er eine Möglichkeit findet, besonders während der ungeschützten Jahre der Kindheit – sogar während Kinder noch im Mutterleib sind. Sein Endziel ist die völlige Zerstörung der Persönlichkeit. Der Grund dafür ist einfach: Ein Mensch ohne Vertrauen wird nie etwas Erbauliches für das Königreich Gottes oder etwas Schädliches für das Königreich Satans tun, und somit wird sich Gottes Plan für sein Leben niemals erfüllen.

Erwartetes Versagen + Angst vor Versagen = Versagen

Satan will nicht, daß du Gottes Plan für dein Leben umsetzt, weil du dadurch deinen Teil zu seiner letztendlichen Niederlage beitragen wirst. Wenn er es schafft, daß du denkst und glaubst, du seist unfähig, wirst du auch nicht versuchen, irgend etwas von Bedeutung zustande zu bringen. Auch wenn du dich bemühst, wird deine Angst vor dem

Schönheit statt Asche

Versagen deine Niederlage, die du aufgrund deines fehlenden Vertrauens vermutlich von Anfang an erwartet hast, besiegeln. Das wird häufig als das „Versager-Syndrom" bezeichnet.

Ganz gleich, wie viele wundervolle Pläne Gott für dich hat, du mußt eines wissen: *Gottes Fähigkeit, seinen Willen in dein Leben zu bringen, wird bestimmt von deinem Glauben an Ihn und an sein Wort.* Wenn du wirklich glücklich und erfolgreich sein willst, mußt du daran glauben, daß Gott einen Plan für dein Leben hat und daß Er dafür sorgt, daß Gutes in deinem Leben passiert, weil du auf Ihn vertraust.

Der Teufel möchte, daß wir uns so schlecht fühlen, daß wir kein Selbstvertrauen haben. Aber es gibt gute Neuigkeiten: *Wir brauchen nicht auf uns selbst zu vertrauen – wir müssen auf Jesus vertrauen!*

Ich habe nur deshalb Selbstvertrauen, weil ich weiß, daß Christus in mir ist. Er ist immer da und bereit, mir bei allem zu helfen, das ich für Ihn tun möchte. Ein gläubiger Mensch ohne Vertrauen ist wie ein großer Jumbo-Jet ohne Benzin auf der Startbahn; er sieht von außen zwar gut aus, hat aber keine Kraft in sich. Mit Jesus in uns haben wir die Kraft zu tun, was wir nie allein tun könnten.

Jesus starb für unsere Schwachheit und Unfähigkeit, und Er will uns seine Kraft und Fähigkeit weitergeben, wenn wir unser Vertrauen (unseren Glauben) auf Ihn setzen. In Johannes 15, 5 (*Amplified*) lehrt Er uns dieses wichtige Prinzip: „... getrennt von mir – abgeschnitten von der lebenswichtigen Gemeinschaft mit mir – könnt ihr nichts tun."

Wenn du diese Wahrheit lernst, wirst du dem Teufel auf seine Lüge „Du kannst nichts richtig machen" antworten: „Vielleicht, aber Jesus in mir kann es; und Er wird es tun, weil ich mich auf Ihn und nicht auf mich selbst verlasse. Er wird dafür sorgen, daß ich in allem Erfolg habe, was ich anpacke" (Jos. 1, 7).

Oder sollte der Feind zu dir sagen: „Du kannst das sowieso nicht, also probiere es erst gar nicht, weil du sowieso versagst, genauso wie in der Vergangenheit", dann kannst du entgegenhalten: „Es ist wahr, daß ich ohne Jesus überhaupt nichts tun kann, aber mit Ihm und in Ihm kann ich alles tun, was ich tun muß" (Phil. 4, 13).

Die Zuversicht, einzigartig zu sein

Erinnere den Teufel immer an seine Zukunft, wenn er dich an deine Vergangenheit erinnert. Wenn du die Bibel bis zum Ende durchliest, wirst du sehen, daß die Zukunft des Teufels sehr finster ist. In Wirklichkeit ist er ein bereits besiegter Feind. Jesus hat am Kreuz über ihn triumphiert und hat ihn in seiner ganzen Schmach im geistlichen Reich öffentlich zur Schau gestellt (Kol. 2, 15).

Satan arbeitet mit geborgter Zeit, und er weiß das besser als irgendein anderer. Die einzige Macht, die er über uns hat, ist die, die wir ihm geben, indem wir seinen Lügen glauben.

Denke immer daran: *Der Teufel ist ein Lügner!* (Joh. 8, 44).

Die Lüge des Selbstvertrauens

Jeder spricht über Selbstvertrauen. Es gibt alle möglichen Seminare über Vertrauen, sowohl in der säkularen als auch in der kirchlichen Welt. Vertrauen wird meistens als „Selbstvertrauen" bezeichnet, weil wir alle wissen, daß wir uns gut fühlen müssen, wenn wir etwas im Leben erreichen möchten. Man hat uns gelehrt, daß alle Menschen das grundsätzliche Bedürfnis haben, an sich selbst zu glauben. Trotzdem ist das eine falsche Auffassung.

Tatsächlich müssen wir nicht an uns selbst glauben – wir müssen an Jesus in uns glauben. Wir wagen nicht, uns getrennt von Ihm sicher zu fühlen. Als der Apostel Paulus uns lehrte, nicht auf das Fleisch zu vertrauen (Phil. 3, 3), meinte er genau das, was er sagte: Setze dein Vertrauen nicht auf dich selbst oder auf irgend etwas, das du ohne Jesus tun kannst.

Wir brauchen kein Selbst-Vertrauen, wir brauchen Gott-Vertrauen!

Viele Menschen verbringen ihr ganzes Leben damit, die Erfolgsleiter hochzuklettern, um ganz oben angekommen festzustellen, daß ihre Leiter an das falsche Gebäude gelehnt war. Andere kämpfen und versuchen, sich gut genug zu verhalten, um ein gewisses Maß an Zufriedenheit in sich selbst zu entwickeln, nur um wiederholte Fehler zu ertragen. Beide Aktivitäten führen zum selben Ergebnis: Leere und Elend.

Schönheit statt Asche

Ich habe festgestellt, daß die meisten Menschen in eine der zwei folgenden Kategorien passen: (1) Sie bringen nie etwas zu Ende, so sehr sie es auch versuchen. Die Folge davon ist, daß sie sich dafür selbst hassen, oder (2) sie haben genug Talent, große Dinge zu erreichen, aber das Ansehen für ihre Leistungen macht sie stolz. Beide Wege sind falsch – in den Augen Gottes. Die einzig wirklich erfolgreiche Person in Gottes Augen ist der Mensch, der weiß, daß er in sich selbst nichts ist, aber alles in Christus. Unser Stolz muß in Jesus allein sein, und Ihm gebührt die Ehre für alle Leistungen, die wir vollbringen.

In Wirklichkeit besitzt jeder Mensch Zuversicht (Glauben). Die Bibel bestätigt diese Tatsache in Römer 12, 3. Wir wurden alle mit einem bestimmten Maß an Glauben geboren; das Entscheidende ist, an was wir glauben. Manche glauben an sich selbst, manche an andere Menschen, andere an Dinge – und dann gibt es die, die ihren Glauben auf Gott richten.

Mach dir keine Sorgen über dich selbst, deine Schwächen oder Stärken. Wende deinen Blick weg von dir selbst – und auf Gott! Wenn du schwach bist, kann Er dich stärken. Wenn du Kraft hast, dann hast du sie, weil Er sie dir gegeben hat. Somit sollten deine Augen in jedem Fall auf Ihn und nicht auf dich selbst gerichtet sein.

Ohne wahres Vertrauen (in Jesus) wirst du dir viele komplizierte Probleme schaffen. Hier einige Beispiele:

1. Du wirst nie dein volles Potential in Christus erreichen (wie wir schon detailliert betrachtet haben).

2. Dein Leben wird von Furcht bestimmt und voller Qual sein.

3. Du wirst niemals wirkliche Freude, Erfüllung oder Befriedigung kennenlernen.

4. Der Heilige Geist ist voller Kummer, denn Er wurde gesandt, um Gottes Plan in dein Leben zu bringen. Er kann es jedoch ohne deine Mitarbeit nicht tun.

5. Du wirst die Türen öffnen, die Quälendes hereinlassen wie: Selbsthaß, Verdammnis, Angst vor Ablehnung, vor Versagen, Menschenfurcht, Perfektionismus, Menschengefälligkeit (was die

Möglichkeit, gottgefällig zu sein, ausschließt), Kontrolle und Manipulation durch andere usw.

6. Du wirst die Sicht für dein Recht, einzigartig und du selbst zu sein, verlieren.

Die unter Punkt 6 genannte Gefahr würde ich gerne näher betrachten. Wir haben die anderen im ersten Teil des Buches bereits beleuchtet, aber dieser letzte Punkt ist von größter Wichtigkeit und verdient mehr Aufmerksamkeit.

Die Zuversicht, ein Original zu sein

In 1. Korinther 3, 16-17 lehrt uns Paulus, daß wir alle zusammen ein Leib sind, obwohl jeder von uns ein individuelles Glied dieses Körpers ist. In Römer 12, 4-6 sagt er fast dasselbe, aber auf eine etwas andere Weise. Es ist sehr wichtig, daß wir diese Wahrheit begreifen, weil wir uns selbst Leid schaffen und die Kraft Gottes in uns ersticken, wenn wir versuchen, etwas oder jemand zu sein, zu dem wir nicht geschaffen wurden.

Wir haben oft gehört, daß wir alle von unterschiedlicher Art sind, was bedeutet, daß nicht zwei von uns exakt gleich sind. Was ist daran falsch? Nichts! Gott hat sich etwas dabei gedacht, jeden von uns anders zu schaffen. Wenn Er gewollt hätte, daß wir alle gleich sind, wäre es Ihm ein Leichtes gewesen, das zu tun. Aber statt dessen war Ihm unsere Einzigartigkeit so wichtig, daß Er sogar ins Extrem ging und jedem von uns andere Fingerabdrücke gab!

Verschieden zu sein ist nicht schlecht, es ist Gottes Plan!

Wir sind alle Teil eines Plans, nämlich Gottes Plans. Jeder von uns hat eine andere Funktion, weil jeder von uns ein Original ist.

Ich definiere *einzigartig* als „abgesondert, zu unterscheiden durch spezielle Eigenschaften oder identifizierende Charakterzüge, anders oder einzigartig."

Jahrelang dachte ich, ich wäre *sonderbar* – jetzt weiß ich, daß ich einzigartig bin! Das ist ein großer Unterschied. Wenn ich „sonderbar" wäre, würde es darauf hinweisen, daß etwas an mir verpfuscht worden und nicht zu dem geworden ist, was es hätte sein sollen, während meine „Einzigartigkeit" zeigt, daß es niemand anderen gibt, der so ist wie ich, und deshalb habe ich einen besonderen Wert. Auch du solltest glauben, daß du einzigartig, besonders und wertvoll bist.

Versuche nicht, jemand anderer zu sein

Eines meiner besonderen Merkmale ist meine Stimme. Die meisten Frauen haben sanfte, helle Stimmen, aber meine ist tief. Sehr oft, wenn jemand, der mich nicht kennt, bei uns zu Hause anruft, denkt er, der Mann des Hauses sei am Telefon. Ich war nicht immer sehr glücklich darüber, im Gegenteil, ich war deswegen sehr unsicher. Ich dachte, meine Stimme wäre einfach seltsam! Als Gott mich dazu berief, sein Wort zu lehren, und mir bewußt wurde, daß man mich über Lautsprecher und im Radio hören würde, erschreckte mich das zutiefst! Ich dachte, daß ich sicher abgelehnt werden würde, weil ich mich so anders anhörte, als sich eine Frau *meiner Meinung nach* anhören sollte. Ich verglich mich mit dem, was ich als normal empfand.

Hast du dich jemals mit anderen verglichen? Was für ein Gefühl hat dir das vermittelt?

Wir sollten uns nicht mit anderen vergleichen, sondern Jesus zum Vorbild nehmen und lernen, die Gegenwart und Persönlichkeit des Gottes, der in uns wohnt, zu reflektieren.

Diamanten haben viele Facetten. Gott ist wie ein makelloser Diamant, und jeder von uns stellt eine Facette von Ihm dar. Er hat in jeden von uns einen Teil seiner selbst hineingelegt, und wir vervollständigen gemeinschaftlich seinen Körper. Was wäre, wenn unser Körper nur aus Mund oder Ohren, Armen oder Beinen bestünde? Wir hätten kein Problem zu sprechen oder zu hören, zu tragen oder zu gehen, aber was wäre mit den anderen Funktionen? Was für ein Chaos wäre es, wenn es Gottes Absicht gewesen wäre, uns alle so zu erschaffen.

Warum wenden wir soviel Kraft dafür auf, wie jemand anderer zu sein, statt uns einfach darüber zu freuen, wer wir sind? Weil wir den Lügen des Teufels glauben. Wir glauben ihm, bis wir die Wahrheit von Gottes Wort hören und die Wahrheit, die wir glauben, uns freimacht.

Die Zuversicht, einzigartig zu sein

Gott wird dir nie die Gnade schenken, eine andere Person zu werden. Er hat dich geschaffen, um du selbst zu sein – etwas besseres kannst *du* nie erreichen! Vergiß den Versuch, jemand anderer zu sein. Das ist immer ein Fehler, weil die Person, die du dir als Vorbild ausgewählt hast und die „alles hat", nicht so ist, wie du denkst. Laß mich dir einige Beispiele geben:

Beispiel 1
An einem gewissen Punkt in meinem Leben kam ich zu dem Schluß, daß die Frau meines Pastors die „ideale Frau" war. Sie war (und ist es noch) eine liebenswürdige Dame: zierlich, klug, blond, mit weicher Stimme. Sie hat ein sanftes, mildes und barmherziges Wesen. Ich dagegen mit meiner tiefen Stimme und meiner direkten, plumpen Persönlichkeit wirkte nicht sehr liebenswürdig, sanft, mild oder mitfühlend. Ich versuchte so wie sie zu sein, jedoch ohne viel Erfolg. Ich versuchte, die Lautstärke meiner Stimme zu senken und ihr einen feminineren Klang zu geben, aber sie hörte sich dadurch nur unecht an.

Diese Pastorenfrau und ich kamen nicht miteinander klar. Obwohl wir Freunde sein wollten, klappte es nicht. Schließlich enthüllte eine Auseinandersetzung zwischen uns, daß ich mich nicht richtig an ihr freuen konnte, weil ihre Gegenwart mich unter Druck setzte, wie sie zu sein. Das wirklich Interessante, was wir beide entdeckten, war, daß Satan ihr dieselben Lügen verkauft hatte wie mir: Sie kämpfte darum, mehr wie ich zu sein! Sie versuchte weniger zerbrechlich und statt dessen kräftiger zu sein, mit Menschen und Dingen offener und mit größerer Kühnheit umzugehen. Es ist kein Wunder, daß wir keine erfolgreiche Beziehung haben konnten – wir wurden beide gleichermaßen unter Druck gesetzt!

Behalte dies in Erinnerung: *Gott sagte, daß wir „nicht begehren sollen"* (2. Mose 20, 17) – *und das schließt die Persönlichkeit anderer mit ein.*

Beispiel 2
Meine Nachbarin von nebenan war ein nettes Mädchen, das auf viele verschiedene Arten begabt war. Sie nähte, hatte einen Garten und kochte Gemüse ein, spielte Gitarre und sang, hatte künstlerisches und handwerkliches Talent, tapezierte, malte, schrieb Lieder – kurz, all die Dinge, die ich nicht konnte. Weil ich mich ohnehin für „sonderbar" hielt, konnte ich die Talente, die ich hatte, nicht anerkennen. Ich

dachte nur an die Fähigkeiten, die ich nicht hatte und an all die Dinge, die ich nicht tun konnte.

Nachdem Gott mich berufen hatte, zu lehren und sein Wort zu predigen, unterschieden sich meine Wünsche von denen vieler Frauen, die ich kannte. Während sie Veranstaltungen über Innendekoration besuchten, war ich zu Hause und betete. Ich nahm alles sehr ernst. Ich empfand, daß etwas sehr Schwerwiegendes in mir passierte. Während andere Frauen sich entspannten und es sich gut gehen ließen, verglich ich mich ständig mit ihnen, immer mit dem Gefühl, daß mit mir etwas nicht in Ordnung war. Dieses Gefühl kommt auf, wenn sich Menschen ihrer selbst wegen schämen und unsicher sind, wer sie in Christus sind.

Ich mußte lernen, „loszulassen" und ein bißchen Spaß zu haben, und Gott tat in mir, was getan werden mußte. Er zeigte mir die Unordnung im Leben einiger Menschen und berief mich, ihnen durch sein Wort aufzuhelfen. Ich mußte von der Last und dem Ernst der Probleme anderer Menschen berührt werden.

Ich durchlief eine Wartezeit, in der Gott mich nicht gebrauchte. Es war eine Zeit der Vorbereitung und des Wachsens, die ein gutes Jahr andauerte. Während dieser Phase beschloß ich, daß es jetzt an der Zeit war, eine „normale Frau" zu werden. Ich kaufte eine Nähmaschine und nahm einige Übungsstunden. Ich haßte es, aber ich zwang mich weiterzumachen. Nähen war nicht gerade meine Stärke. Wenn jemand in einem Bereich nicht begabt ist, stellt er sich einfach ungeschickt an.

Das Nähen war solch ein Kampf für mich! Ich machte immer wieder Fehler und fühlte mich deshalb schlecht. Schließlich hatte ich genügend Nähstunden durchgehalten, um ein paar Kleidungsstücke für meine Familie zu nähen, die sie pflichtbewußt trugen.

Ich beschloß außerdem, Tomaten zu ziehen und einzukochen. Sie sahen gerade so richtig gut aus, als kurz vor der Ernte eines Nachts ein Schwarm Insekten über sie herfiel und alle Tomaten mit schwarzen Löchern zurückblieben! Aber ich war entschlossen, Tomaten einzukochen, weil ich bereits die Ausstattung dafür gekauft hatte. Also ging ich auf den Markt und kaufte eine riesige Menge Tomaten. Ich arbeitete und schwitzte, schwitzte und arbeitete, bis ich die Tomaten schließlich eingemacht hatte. Wie schon gesagt, es war mir jede Sekunde ein Greuel, aber ich glaubte damit zu beweisen, daß ich „normal" war.

Durch diese sehr schmerzhaften Erfahrungen lernte ich, daß ich mich deshalb so elend fühlte, weil Gott mir nicht dabei helfen würde, etwas zu sein, wofür Er mich nicht geschaffen hatte. Ich bin nicht jemand anderer – ich muß ich selbst sein, genau wie du du selbst sein mußt.

Sei du selbst!

Du hast ein Recht darauf, du selbst zu sein! Laß dir dieses Recht vom Teufel nicht stehlen!

Wenn jemand, den du kennst, ein gutes christliches Beispiel dafür ist, was den Charakter des Herrn oder die Frucht des Heiligen Geistes betrifft, dann möchtest du vielleicht seinem Beispiel folgen. Der Apostel Paulus wies die Korinther an, ihm zu folgen, wie er dem Herrn folgte (1. Kor. 11, 1). Dem Beispiel eines Menschen zu folgen ist etwas völlig anderes, als zu versuchen, seine Persönlichkeit oder seine Talente zu imitieren.

Ich möchte dich ermutigen, über folgende Frage nachzudenken: Nimmst du die Tatsache, daß du nicht wie jeder andere geschaffen bist, daß du ein einzigartiges Original bist, an? Freust du dich über deine Einzigartigkeit, oder befindest du dich im Kampf gegen dich selbst, wie ich es war?

Viele Menschen führen in ihrem Inneren einen privaten Krieg, indem sie sich mit fast jedem, dem sie nahekommen, vergleichen. Das führt dazu, daß sie sich oder die andere Person verurteilen. Sie kommen zu dem Schluß, daß sie entweder wie die anderen Menschen sein sollten, oder daß die anderen wie sie sein sollten.

Lügen!

Keiner von uns sollte wie jemand anderer sein. Jeder von uns sollte die Facette des Herrn sein, für die Er uns vorgesehen hat – einzigartig und individuell. Nur so werden wir Gottes Plan erfüllen und Ihm Ehre bringen.

12
Vergebung

Vergebung für vergangene Fehler und Sünden zu erhalten und anderen für ihre Fehler und Sünden zu vergeben sind zwei der wichtigsten Faktoren im Bereich der emotionalen Heilung.

Vergebung ist ein Geschenk an die, die es nicht verdient haben.

Gott möchte den Prozeß beginnen, indem Er uns zuerst das Geschenk der Vergebung gibt. Wenn wir Ihm unsere Sünden bekennen, vergibt Er sie uns. Er entfernt sie so weit von sich wie der Osten vom Westen entfernt ist und denkt nicht mehr an sie (1. Joh. 1, 9; Ps. 103, 12; Heb. 10, 17). Aber um aus dieser Vergebung Nutzen zu ziehen, müssen wir sie im Glauben annehmen.

Als ich vor vielen Jahren begann, meine Beziehung zum Herrn aufzubauen, bat ich Ihn jeden Abend um Vergebung für meine Sünden. Als ich eines Abends neben meinem Bett kniete, hörte ich den Herrn zu mir sagen: „Joyce, Ich habe dir schon das erste Mal, als du darum gebetet hast, vergeben, aber du hast mein Geschenk der Vergebung nicht *erhalten*, weil du dir selbst nicht vergeben hast."

Hast du Gottes Geschenk der Vergebung angenommen? Wenn nicht und wenn du bereit dazu bist, bitte den Herrn jetzt, dir alle deine Sünden zu vergeben. Sag laut: „Ich empfange deine Vergebung, Herr, für die Sünde des _____ (nenne die Sünde.)" Es mag schwierig sein, manche unserer Fehler und Sünden aus der Vergangenheit in Worte zu fassen, aber sie auszusprechen hilft dabei, die Befreiung zu bekommen, die du brauchst.

Einmal bat ich Gott im Gebet, mir zu vergeben, weil „ich es verpatzt hatte", wie ich es damals nannte.

„Was hast du verpatzt?" fragte Er mich.

„Na, Du weißt schon, Herr", antwortete ich, „Du weißt, was ich getan habe."

Schönheit statt Asche

Natürlich wußte Er es. Aber Er machte mir klar, daß ich es formulieren mußte. Der Herr zeigte mir, daß die Zunge wie eine Schöpfkelle ist, die in einen Brunnen in uns hineinreicht und herausbringt, was darin ist.

Wenn du klar um das Geschenk der Vergebung bittest, nimm sie für dich an, und wiederhole laut: „Herr, ich empfange Vergebung für _____ (nenne die Sünde) *in Christus Jesus*. Ich vergebe mir selbst, indem ich dein Geschenk der Vergebung für mich annehme. Ich glaube, daß du die Sünde komplett von mir wegnimmst und sie so weit entfernst, daß sie niemals wiedergefunden werden kann … so weit wie der Osten vom Westen entfernt ist. Und ich glaube, Herr, daß du nicht mehr daran denkst."

Du wirst merken, daß es oft hilfreich für dich ist, etwas laut auszusprechen, weil du damit deinen Stand auf Gottes Wort erklärst. Der Teufel kann deine Gedanken nicht lesen, aber er versteht deine Worte. Erkläre vor allen Fürstentümern, Mächten und Herrschern der Finsternis (Eph. 6, 12), daß Christus dich freigesetzt hat, und du in diese Freiheit hineingehen wirst.

Sag es so, als ob du es auch so meinst!

Wenn der Teufel versucht, dir diese Sünde in Form von Schuld und Verdammnis wieder in Erinnerung zu bringen, wiederhole deine Erklärung und sage ihm: „Mir wurde diese Sünde vergeben! Sie wurde ausgelöscht, deshalb werde ich mich nicht darum sorgen." Satan ist gesetzlich, deshalb kannst du, wenn du willst, auch das Datum angeben, wann du Gott um die versprochene Vergebung gebeten und sie erhalten hast.

Sitz nicht nur da und hör den Lügen und Anklagen des Teufels zu; lerne, ihm zu widersprechen!

Bekenne deine Fehler jemandem

Wird jemand unter euch geplagt – mißhandelt, erleidet er Übles? Er sollte beten. Ist jemand guten Mutes? Er sollte [Gott] Lobpreis singen. Ist jemand krank unter euch? Er rufe die Ältesten – die geistlichen Leiter. Und sie sollen über ihm beten und ihn mit Öl salben im Namen des Herrn. Und das Gebet des Glaubens wird den retten, der krank ist, und der Herr wird ihn aufrichten; und wenn er Sünden begangen hat, wird ihm vergeben werden. Bekennt deshalb einander eure Fehler – eure Ausrutscher, eure Fehltritte, eure Vergehen, eure Sünden; und betet [auch] füreinander, damit ihr geheilt und aufgerichtet werdet – zu einer geistlich-gestimmten Haltung in eurem Verstand und eurem Herzen. Das ernsthafte (innige, fortwährende) Gebet eines Gerechten hat ungeheure Kraft – ist dynamisch in seiner Wirkung.

Jakobus 5, 13-16 (*Amplified*)

Diese Textstelle kann bei jeder Art von Krankheit angewendet werden – körperlich, seelisch, geistlich oder emotional. In Vers 16 wird der Weg, wie man geheilt und aufgerichtet wird, sehr klar beschrieben: „Bekennt einander eure Sünden."

Bedeutet das, daß wir jedesmal, wenn wir sündigen, es einer anderen Person bekennen müssen? *Nein!* Das bedeutet es nicht. Wir wissen, daß Jesus unser Hohepriester ist. Wir müssen nicht zu Menschen gehen, um Vergebung von Gott zu erhalten. Das war unter dem Alten Bund der Fall, aber nicht unter dem Neuen Bund.

Wie sieht die praktische Anwendung von Jakobus 5, 16 aus? Ich glaube, wir müssen Gottes Wort nicht nur kennen, sondern wir müssen auch wissen, wie man es im täglichen Leben anwendet. Wenn ein Mensch blutet und weiß, daß er eine Bandage hat, aber nicht weiß, wie er sie anlegen muß, kann er verbluten. Viele Menschen, die Gottes Wort haben, „verbluten" (leben in Qual), weil sie nicht wissen, wie sie das Wort in alltäglichen Situationen anwenden können.

Ich glaube, Jakobus 5, 16 ist so zu verstehen: Sei dir als erstes darüber im klaren, daß ein Mensch Sünde nicht vergeben kann – das ist Gottes Aufgabe. Dennoch kann ein Mensch Gottes Vergebung für dich aussprechen und erklären. Ein Mensch kann mit dir bezüglich deiner Vergebung übereinstimmen. Er kann auch dafür bitten, daß dir vergeben wird (1. Joh. 5, 16). Ein Beispiel dafür ist Jesus, der am Kreuz für die Vergebung derer bat, die Ihn verfolgten.

Wann mußt du diese Textstelle anwenden? Ich glaube, du solltest dann nach Jakobus 5, 16 handeln, wenn du von deinen vergangenen

Sünden geplagt wirst. Wenn du innerlich vergiftet bist, verhindert das, daß es dir gut geht – körperlich, seelisch, geistlich oder emotional.

Wenn sie einmal ans Licht gekommen sind, verlieren Dinge, die in der Dunkelheit verborgen waren, ihre Macht. Menschen verbergen Dinge aus Angst. Satan gibt uns Gedanken ein wie: „Was werden die Leute sagen, wenn sie hören, daß ich mißbraucht wurde?", „Jeder wird denken, ich bin schrecklich!", „Ich werde abgelehnt werden" usw. In meinen Treffen kamen viele Menschen zum Gebet, die mir anvertrauten: „Ich habe das noch nie jemandem erzählt, aber ich merke, es muß jetzt heraus: Ich wurde mißbraucht." Oft weinen sie unkontrolliert. Mit diesem Weinen erleben sie oft eine Befreiung, die sie dringend nötig haben. Verletzte Menschen fühlen sich sicher bei mir, weil sie wissen, daß auch ich mißbraucht wurde.

Bitte verstehe mich richtig, ich sage nicht, jeder müsse es zulassen, mißbraucht zu werden, um Gebet für Heilung zu erbitten. Wenn du unter den Auswirkungen von Mißbrauch leidest, laß dich vom Heiligen Geist leiten, nicht nur bei der Entscheidung, ob du es jemandem bekennen sollst, sondern auch, wem du dein Vertrauen schenken sollst. Diese Person muß sorgfältig ausgewählt werden. Ich schlage einen reifen Christen vor, dem du vertrauen kannst. Wenn du verheiratet bist und dein Ehepartner diese Kriterien erfüllt, erwäge ihn oder sie zuerst.

Du solltest wissen, daß ein Partner, wenn er von der Situation erfährt, oft mit Wut auf den Täter reagiert. Deshalb solltest du, bevor du dein Bekenntnis ablegst, sicher sein, daß er vom Heiligen Geist geleitet und bereit ist, Gottes Führung und nicht persönlichen Gefühlen zu folgen.

Dein Partner wird dich vielleicht manches fragen, was du leicht mißverstehen kannst, wenn du nicht richtig darauf vorbereitet bist. Als ich meinem Mann erzählte, daß mein Vater mich all die Jahre sexuell mißbraucht hatte, fragte er mich: „Hast du jemals versucht, ihn aufzuhalten?", und „Warum hast du es niemandem erzählt?" Denk daran, daß dein Partner deine Situation und deine Gefühle sicher nicht ganz versteht und einige Antworten braucht. Mein Mann verstand mich, nachdem ich ihm erklärt hatte, daß ich von Angst kontrolliert worden war.

Uns einander unsere Schuld zu bekennen und Gebet zu empfangen ist ein machtvolles Werkzeug, das hilft, Bindungen zu brechen. Ich hatte in einem bestimmten Bereich mit Eifersucht zu kämpfen, und ich wollte auf keinen Fall, daß jemand davon erfuhr. Deshalb scheute ich mich davor, um Gebet zu bitten. Statt dessen wollte ich es allein durchkämpfen, aber ich machte überhaupt keine Fortschritte. Als Gott mir Jakobus 5, 16: „Bekennt einander eure Sünden" offenbarte, erkannte ich, daß es ein paar Bereiche in meinem Leben gab, die Macht über mich ausübten, weil ich sie versteckte und zu stolz war, sie ans Licht zu bringen.

Furcht kann uns dazu veranlassen, Dinge zu verstecken, doch ebenso kann Stolz dahinter stecken. Ich demütigte mich und bekannte meinem Mann mein Problem, und er betete für mich. Danach erlebte ich Freiheit in diesem Bereich.

Ein Wort zum Schluß

Ein letztes Wort zur Warnung. Manchmal erleichtern sich Menschen dadurch, daß sie ihr Problem an jemand anderen weitergeben. Nachdem ich bei einem unserer Treffen über die Wichtigkeit der Wahrheit und darüber wie das Verstecken von Dingen Probleme verursachen kann, gelehrt hatte, kam eine Frau zu mir und bekannte, daß sie mich nie leiden konnte und auch über mich geklatscht hatte. Dann bat sie mich, ihr zu vergeben, was ich natürlich tat. Sie ging erleichtert darüber, daß sie ihr Problem losgeworden war, aber ich blieb zurück und kämpfte mit schlechten Gedanken über sie. Ich fragte mich, was sie über mich gesagt hatte, mit wem sie gesprochen hatte, ob man ihr geglaubt hatte, und wie lange das Gerede gegangen war.

Ausgewogenheit, Weisheit und Liebe sind Schlüsselworte in der Bibel. Wenn du diese Qualitäten annimmst, werden sie deinen Fortschritt beschleunigen. Ein Mensch, der von Weisheit und Liebe erfüllt ist, wird eine Angelegenheit überdenken, Führung vom Herrn suchen und erhalten und mit der Situation in einer ausgeglichenen Art und Weise umgehen.

13
Vergib deinem Peiniger

Für viele Menschen ist der schwierigste Teil ihrer emotionalen Heilung, demjenigen zu vergeben, der sie mißbraucht hat. Das kann auch der Stolperstein sein, der die Heilung verhindert. Wer von anderen schwer verwundet worden ist, weiß, daß es viel leichter ist, das Wort „vergeben" auszusprechen, als es tatsächlich zu tun.

Ich habe sehr viel Zeit damit verbracht, dieses Problem zu studieren, darüber zu beten und den Herrn um praktische Antworten darauf zu bitten. Ich bete, daß das, was ich dir zu diesem Thema sagen werde, dir eine neue Perspektive auf das Hauptproblem bietet, mit dem du umgehen mußt.

Laß mich dir zuerst klarmachen, daß es unmöglich ist, innere Heilung zu empfangen, solange du bitter, haßerfüllt und unversöhnlich bist.

Unversöhnlichkeit ist Gift!

Sie vergiftet jeden, der daran festhält, weil sie Bitterkeit verursacht.

Und es ist unmöglich, daß du zur selben Zeit bitter bist und gleichzeitig eine Verbesserung eintritt!

Wenn du ein Opfer von Mißbrauch bist, hast du eine Wahl zu treffen. Du kannst zulassen, dass jede Verletzung oder jedes Problem dich entweder bitter oder besser macht. Die Entscheidung liegt bei dir.

Wie kann eine Verletzung oder ein Problem dich zu einer besseren Person machen? Gott verursacht keine Verletzungen oder Wunden bei dir, aber wenn sie dir zugefügt worden sind, kann Er sie dazu verwenden, daß du Nutzen daraus ziehst, wenn du Ihm vertraust.

Gott kann aus Fehlern Wunder machen!

Die Absicht Satans ist es, dich du zerstören, aber Gott kann, was auch immer der Teufel gegen dich unternimmt, zum Guten wenden. Das mußt du glauben, oder du wirst verzweifeln. Wie der Psalmist vor

Schönheit statt Asche

langer Zeit schrieb: „[Was, was nur wäre aus mir geworden] hätte ich nicht geglaubt, die Güte des Herrn im Land der Lebendigen zu sehen!" (Ps. 27, 13; *Amplified*).

Kürzlich erhielt ich einen Brief von einer Frau, die schrieb: „Ich weiß, daß Gott Ihren Mißbrauch nicht verursacht hat, aber wenn Sie nicht mißbraucht worden wären, hätten Sie mir nicht helfen können." Sie fuhr fort: „Bitte fühlen Sie sich deshalb nicht schlecht, denn Gott gebraucht Ihren Schmerz, um andere freizusetzen."

Vor vielen Jahren hatte ich die Wahl. Ich konnte mich dafür entscheiden verbittert, voller Haß und Selbstmitleid zu sein und sowohl die Menschen zu verärgern, die mich verletzt hatten, als auch die, die sich eines schönen, normalen Lebens erfreuen konnten, weil sie niemals so verletzt worden waren wie ich. Oder ich konnte Gottes Weg folgen, indem ich Ihm erlaubte, das, was ich durchgemacht hatte, zu gebrauchen, um eine bessere Person aus mir zu machen. Ich danke Ihm, daß Er mir die Gnade schenkte, seinen Weg statt den Weg Satans zu wählen.

Gottes Weg ist Vergebung.

Ich erinnere mich an meine ersten Versuche, mit Gott zu leben. Eines Abends erkannte ich, daß ich nicht gleichzeitig lieben und hassen konnte. Deshalb bat ich den Herrn, mich von dem Haß zu befreien, der mich so lange begleitet hatte. Und tatsächlich „griff Gott tief in mich hinein" und holte ihn heraus. Nach dieser Erfahrung haßte ich meinen Vater nie wieder. Doch ich nahm ihm immer noch übel, was er mir angetan hatte. Ich mochte ihn nicht und war unfähig, ihm zu vergeben. Ich wollte frei sein von all den bittern Gefühlen und schlechten Haltungen in meinem Inneren, aber ich wußte nicht wie!

Als ich fortfuhr, das Wort des Herrn zu studieren und darüber nachzusinnen und Gemeinschaft mit dem Heiligen Geist zu haben, lehrte der Herr mich viele Dinge. Ich möchte dir gerne weitergeben, was ich während meines jahrelangen, fortschreitenden Heilungsprozesses lernte.

Schritte auf dem Weg der inneren Heilung

Als erstes mußt du Gottes Weg wählen. Er wird ihn dir nicht aufzwingen. Wenn du ein siegreiches Leben führen und innerlich vollständig geheilt werden willst, mußt du glauben, daß Gottes Weg der beste ist. Auch wenn du es nicht verstehst, entscheide dich dafür, Ihm zu folgen. Es funktioniert!

Dann solltest du unbedingt Gottes Gnade kennenlernen. Gnade ist die Kraft des Heiligen Geistes, die auf uns kommt, um uns dabei zu helfen, Gottes Willen zu vollbringen. Jakobus sagt: „Er gibt uns aber desto größere Gnade [Kraft des Heiligen Geistes, um dieser bösen Neigung und allen anderen Thorheiten entgegenzutreten]. Deshalb spricht er, Gott widersteht den Stolzen und Hochmütigen, den Niedrigen – denen, die demütig [genug] sind, [sie zu empfangen] – aber gibt er [anhaltende] Gnade" (Jak. 4, 6; *Amplified*).

Du willst vielleicht vergeben, hast aber immer noch mit Frustration zu kämpfen, weil du versuchst, aus eigener Kraft zu vergeben, wo du die Kraft des Herrn brauchst. Der Prophet Sacharja sagt uns, dies gelingt „[n]icht durch Macht und nicht durch Kraft, sondern durch meinen Geist, spricht der Herr der Heerscharen" (Sach. 4, 6). Nachdem du dich entschlossen hast zu vergeben und erkannt hast, daß du es ohne Gottes Hilfe nicht schaffst, bete und setze denjenigen frei, der dich verletzt hat. Wiederhole dieses Gebet laut: „Ich vergebe _____ (Name) für _____ (was er dir angetan hat). Ich will auf deinen Wegen gehen, Herr. Ich liebe dich, und ich gebe dir diese Situation. Ich werfe meine Sorge auf dich, und ich glaube dir, daß du mich völlig wiederherstellst. Hilf mir, Herr, heile mich von allen Wunden, die mir zugefügt worden sind."

Es gibt viele Schriftstellen, die uns sagen, daß Gott rechtfertigt (wie Jes. 54, 17). Gott ist derjenige, der uns entschädigt. Er ist unsere Belohnung (Jes. 35, 4). Er ist ein Gott der Gerechtigkeit, die nur Er ausüben kann. Nur Er kann dich für die Verletzungen, die dir zugefügt worden sind, entschädigen, und nur Er ist fähig, mit deinen menschlichen Feinden umzugehen.

Schönheit statt Asche

Rächt euch nicht selbst, Geliebte, sondern gebt Raum dem Zorn [Gottes]! Denn es steht geschrieben: „Mein ist die Rache; ich will vergelten, spricht der Herr."

Römer 12, 19

Denn wir kennen Ihn, der gesagt hat: „Mein ist die Rache – Vergeltung und die Herstellung vollkommener Gerechtigkeit ruhen auf mir; ich werde vergelten – ich werde die Entschädigung fordern, sagt der Herr"; und wiederum: „Der Herr wird über die Ursachen und die Belange seines Volkes richten und entscheiden, Er wird sie lösen und regeln. Es ist eine furchtbare [gefährliche und schreckliche] Sache, in die Hände des lebendigen Gottes zu fallen!

Hebräer 10, 30-31 (*Amplified*)

Eine der wichtigsten Wahrheiten, die der Herr mir verdeutlichte, während ich mich mit dem Thema Vergebung beschäftigte, ist: *Verletzte Menschen verletzen Menschen!*

Die meisten Täter im Bereich des Mißbrauchs wurden selbst auf irgendeine Weise mißbraucht. Die, die in zerrütteten Verhältnissen aufgewachsen sind, tragen diese Zerrüttung oft in ihre eigene Familie hinein.

Als ich mein eigenes Leben betrachtete, entdeckte ich eben dieses Muster. Ich war in einer zerrütteten Familie aufgewachsen, und dies übertrug ich nun auf mein eigenes Heim. Ich kannte keine andere Verhaltensweise. Diese Erkenntnis war ungeheuer hilfreich für mich.

Verletzte Menschen verletzen Menschen!

Ich glaube nicht, daß mein Vater sich darüber im klaren war, was er mir emotional antat, oder daß er verstand, daß er ein Problem verursacht hatte, mit dem ich sehr lange Zeit zu kämpfen hatte. Er verhielt sich wie viele Menschen, die nicht wiedergeboren sind – er war selbstsüchtig und erfüllte sich seine pervertierten und dämonengesteuerten Wünsche, ohne die Konsequenzen seines Handelns zu bedenken. Mein Vater war einfach entschlossen, das zu bekommen, was er wollte, ganz gleich welchen Schaden er mir oder jemand anderem dadurch zufügte.

Wir sollten uns daran erinnern, was Jesus sagte, als Er am Kreuz hing und für die Sünden litt, die nicht Er, sondern andere begangen hatten. Er litt selbst für die Sünden derer, die für seine eigene Qual verantwortlich waren. Jesus rief aus: „... Vater, vergib ihnen! Denn sie wissen nicht, was sie tun ..." (Lk. 23, 34).

Andere zu verurteilen ist einfach, doch die Bibel erklärt eindeutig, daß Gnade über das Gericht triumphiert. Ich meine damit nicht, daß Mißbrauchtäter nicht verantwortlich für ihre Sünden sind – jeder muß die Verantwortung für seine Vergehen tragen. Der Herr zeigte mir, daß die Gnade das „Warum" hinter dem „Was" sieht, das heißt die Ursache, die zur Tat führte. Gnade und Mitgefühl sehen nicht nur auf das Verbrechen; ihr Blickfeld reicht über den Menschen, der es begangen hat, hinaus – auf seine Kindheit, seine Persönlichkeit, das ganze Leben des Betreffenden. Wir dürfen nie vergessen, daß Gott die Sünde haßt, aber den Sünder liebt.

Meine Persönlichkeit war so zerstört, daß viele Menschen mich deswegen verurteilten und ablehnten. Jesus lehnte mich nie ab, und Er verurteilte mich nicht. Meine Sünde wurde gerichtet, weil sie Sünde war, aber Gott kannte mein Herz. Sünde bleibt Sünde, und mein Handeln war falsch, ganz gleich welche Ursache dahintersteckte. Aber Gott wußte, daß ich als eine Frau, die während ihrer Kindheit fünfzehn Jahre lang mißbraucht worden war, sehr verletzt war und deshalb entsprechend handelte – und Er war gnädig und barmherzig mit mir.

Jesaja weissagte über den kommenden Messias: „... Er wird nicht richten nach dem, was seine Augen sehen, und nicht zurechtweisen nach dem, was seine Ohren hören" (Jes. 11, 3).

Wenn ich lehre, zeige ich meinen Zuhörern oft die nachstehenden Bilder, auf denen Felsbrocken zu sehen sind. Obwohl sie außen hart, verkrustet und häßlich anzusehen sind, sind sie im Innern wunderschön.

Schönheit statt Asche

Das verkrustete Äußere des Steins   *Das schöne Innere des Steins*

Wer würde vermuten, daß sich all diese erstaunliche Schönheit hinter der Kruste verbirgt, wenn man nur auf das Äußere schaut? Ebenso ist es mit uns Menschen: Gott sieht in unser Inneres. Er sieht die Möglichkeiten. Er sieht in den Geist. Jeder andere sieht nur den äußeren Menschen. Wenn wir nicht von Gott lernen, über das hinauszusehen, was wir mit unseren natürlichen Augen wahrnehmen, werden wir andere in unserem Herzen immer verurteilen.

Erinnere dich: *Verletzte Menschen verletzen Menschen!*

14
Bete für deine Feinde, und segne sie

Ich aber sage euch: Liebt eure Feinde, und betet für die, die euch verfolgen ...
Matthäus 5, 44

Segnet und betet für die Zufriedenheit derer, die euch verfluchen; erfleht Gottes Segen (Gunst) für die, die euch mißbrauchen – beschimpfen, Vorwürfe machen, herabsetzen und willkürlich ausnutzen.
Lukas 6, 28 (Amplified)

Segnet, die euch verfolgen – die grausam in ihrer Haltung gegen euch sind; segnet und verflucht sie nicht!
Römer 12, 14 (Amplified)

Da ich in meinem Dienst vielen Menschen gedient habe, ist mir aufgefallen, daß sie sehr oft den ehrlichen Wunsch äußerten, ihren Feinden zu vergeben, aber zugaben, daß sie es nicht konnten. Ich suchte Gottes Nähe und befragte Ihn im Gebet darüber, und seine Antwort lautete: „Meine Kinder möchten vergeben, aber sie gehorchen den Schriftstellen über Vergebung nicht." Der Herr wies mich auf Passagen hin, die besagen, daß wir für unsere Feinde beten und sie segnen sollen.

Viele Menschen behaupten, ihren Feinden vergeben zu haben, aber sie beten nicht oder wollen nicht für die beten, die sie verletzt haben. Gebet für diejenigen, die uns Unrecht getan haben, kann diese zur Buße und zur Erkenntnis der Verletzungen, die sie uns zugefügt haben, führen. Wenn wir nicht beten, leben sie vielleicht weiterhin in Selbstbetrug. Bete zu Gott, Er möge deine Feinde segnen – diejenigen, die dich mißbrauchen, auslachen und mißhandeln. Bete nicht um Segen für ihre Taten, sondern daß sie persönlich gesegnet werden.

Schönheit statt Asche

Es ist unmöglich, wirklich gesegnet zu sein, ohne Jesus zu kennen. Wenn du als Opfer von Mißbrauch bereit bist, für deine Peiniger zu beten, setzt du Römer 12, 21 in Kraft: „Laß dich nicht vom Bösen überwinden, sondern überwinde [werde Herr über] das Böse mit dem Guten!"

Bitte Gott, demjenigen, der dich mißbraucht hat, gnädig zu sein und ihn nicht zu richten. Denke daran, wenn du Gnade säst, wirst du Gnade ernten (Gal. 6, 7). Deine Feinde zu segnen, statt sie zu verfluchen ist ein sehr wichtiger Teil im Prozeß der Vergebung. Eine Definition des Wortes *segnen* ist 'gut sprechen über', und *verfluchen* bedeutet 'schlecht reden über'.

Die Zunge und Vergebung

Wenn du mißhandelt worden bist, ist es verführerisch, mit anderen Menschen darüber zu sprechen, was dir widerfahren ist. Um göttlichen Rat zu bekommen, ist das notwendig. Es ist auch wichtig, wenn du heilendes, tröstendes Gebet brauchst, im Beisein von anderen Menschen preiszugeben, was du erlitten hast. Aber schlecht über jemand anderen zu reden und seinen Ruf zu schädigen geht gegen das Wort Gottes. Die Bibel lehrt uns, daß wir weder klatschen noch verleumden oder Gerüchte verbreiten sollen. In Sprüche 17, 9 heißt es ganz klar: „Wer Vergehen zudeckt, strebt nach Liebe; wer aber eine Sache immer wieder aufrührt, entzweit Vertraute."

Wir setzen häufig unseren Glauben ein, um Heilung von unseren Verletzungen zu empfangen, doch gleichzeitig befolgen wir das königliche Gesetz der Liebe nicht. In Galater 5, 6 macht uns der Apostel Paulus darauf aufmerksam, daß Glaube durch die Liebe wirksam wird, „denn die Liebe bedeckt eine Menge von Sünden ..." (1. Petr. 4, 8).

Wir können mit dem Herrn darüber reden, was uns angetan worden ist. Wir können auch Menschen einweihen, wenn es aus irgendeinem Grund notwendig ist. Aber wenn wir vergeben und von Verletzungen und Wunden geheilt werden wollen, dürfen wir weder über das Problem noch über die Person, die es verursacht hat, schlecht reden. Die Bibel warnt uns vor nichtigem (unnützem) Gerede (Mt. 12, 36). Wenn die Aufdeckung unseres Problems keinen göttlichen Zweck hat, müssen wir uns selbst disziplinieren, es still ertragen und darauf vertrauen, daß Gott uns öffentlich dafür belohnt, daß wir sein Wort ehren.

Ich erinnere mich an eine Frau, deren Mann, mit dem sie mehr als 30 Jahre verheiratet gewesen war, sich auf eine Affäre mit ihrer besten Freundin einließ. Er verschwand mit der Frau und nahm die Ersparnisse der Familie mit. Da es sich um eine christliche Familie handelte, kamen der Ehebruch und die Untreue völlig unerwartet, und jeder war schockiert darüber.

Die verzweifelte Ehefrau machte den Fehler, darüber zu reden, was ihr Mann und ihre Freundin ihr angetan hatten, was anfangs verständlich war. Drei Jahre später, nachdem sie von ihrem Mann geschieden war und dieser ihre Freundin geheiratet hatte, hatte sie den Schmerz, den sie erfahren hatte, noch immer nicht überwunden. Sie heiratete einen wundervollen Mann, der sehr gut zu ihr war, und sie sagte, sie wolle die Vergangenheit vergessen und ihr Leben weiterleben, doch sie war unfähig zu vergeben und vorwärts zu gehen.

Nachdem sie eine Lehrkassettenserie von mir zum Thema *Die Kraft der Worte* gehört hatte, erkannte sie, daß ihre Verletzung nicht heilte, weil sie ständig jedem, der ihr zuhörte, erzählte, was ihr geschehen war. Indem sie die Details immer wieder durchging, rief sie sich ständig ihre schmerzvollen Erinnerungen ins Gedächtnis zurück.

Gott zeigte mir, daß Er bei manchen Menschen mit dem Heilungsprozeß beginnt, wenn sie für Heilung beten und vielleicht auch aussprechen: „Ich vergebe denen, die mich verletzt haben." Aber dann hindern sie Ihn daran, sein Werk zu vollenden, weil sie selbst die Wunde immer wieder aufreißen.

Wenn eine körperliche Wunde zu heilen beginnt, bildet sich Schorf, aber wenn er ständig wieder entfernt wird, wird die Wunde niemals heilen. Sie kann sich sogar entzünden und eine Narbe hinterlassen. Dasselbe gilt für seelische Wunden. Über die Verletzung und die Person, die sie verursacht hat, zu reden ist dasselbe, als würde man den Schorf wieder abkratzen. Die Wunde wird ständig wieder geöffnet und fängt wieder an zu bluten.

Schönheit statt Asche

Eine der hilfreichsten Wahrheiten, die Gott mich erkennen ließ, ist die Tatsache, daß Vergebung eine Disziplin der Zunge verlangt. Das Fleisch möchte eine Angelegenheit immer „wieder erwähnen oder darauf herumreiten", aber das Ärgernis für sich zu behalten wird gute Resultate bringen.

Wenn du über dein Problem sprechen mußt, um Rat oder Gebet zu erhalten, oder zu einem anderen Zweck, kannst du es auf eine positive Art tun.

Beispiel: Was hört sich Gott-ähnlicher an?

„Mein Vater hat mich fünfzehn Jahre lang wiederholt sexuell mißbraucht. Meine Mutter hat das gewußt und nichts dagegen unternommen."

– oder –

„Mein Vater hat mich fünfzehn Jahre lang sexuell mißbraucht. Gott ist dabei, mich zu heilen. Ich bete für meinen Vater. Mir ist klar, daß er in seiner Vergangenheit verletzt und von dämonischen Mächten kontrolliert wurde. Meine Mutter hat gewußt, was er mir antat und hätte mir helfen sollen, aber sie war gelähmt vor Angst und Unsicherheit. Sie wußte vermutlich nicht, wie sie mit der Situation umgehen sollte, deshalb verdrängte sie das Problem."

Ich bin sicher, du stimmst mir zu, daß sich das zweite Beispiel liebevoller anhört. Ein paar gutgewählte Worte können den ganzen Unterton eines Berichts ändern. Denk daran, wenn es dir besser gehen soll, kannst du nicht bitter sein. Wenn du Bitterkeit in dir hast, ist es höchstwahrscheinlich, daß man sie aus deinem Reden heraushört. Der Klang deiner Stimme und deine Wortwahl kann viel über dich offenbaren, wenn du bereit bist, ehrlich zu sein. In Matthäus 12, 34 sagt Jesus: „… aus der Fülle [dem Überfluß] des Herzens redet der Mund."

Wenn du ein Problem überwinden möchtest, mußt du aufhören, darüber zu reden. Dein Verstand beeinflußt deinen Mund, und dein Mund beeinflußt dein Denken. Es ist schwierig, nicht mehr über eine Situation zu sprechen, bis du aufhörst, darüber nachzudenken.

Und es ist unmöglich, nicht mehr daran zu denken, wenn du ständig darüber redest.

Entscheide dich dafür, zu tun, was du tun kannst, dann wird Gott dir helfen, das zu tun, was du nicht tun kannst.

Es kann einige Zeit dauern, bis du deine Zunge ganz im Griff hast. Fang damit an, indem du den „Eingebungen" des Heiligen Geistes gehorchst. Wenn du die Weisung von Ihm erhältst, ruhig zu sein, gehorche, und du wirst jedesmal, wenn du das tust, ein bißchen mehr Freiheit erreichen.

Sei dir auch bewußt, daß Satan versuchen wird, dich in diesem Bereich anzugreifen. Er kennt die Macht der Worte. Worte sind kraftvoll! Der Mund ist eine Waffe, die entweder für Satan oder gegen ihn wirkt. Das ist der Grund, warum du deine Worte sorgfältig wählen mußt. Satan wird auch wohlmeinende, liebevolle Freunde benutzen, um dein Problem zum Gesprächsthema zu machen. Sei weise und klug! Geh nicht in die Falle, die deine Wunde aufreißt und sie wieder zum Bluten bringt.

Vertraue Gott, daß Er deine Gefühle ändert

Gefühle (Emotionen) sind ein Hauptfaktor im Bereich der Heilung und der Vergebung. Es kann sein, daß du die richtigen Entscheidungen getroffen hast und dich trotzdem lange Zeit nicht anders „fühlst" als vorher, wo du dem Herrn noch nicht gehorsam warst. Jetzt brauchst du Glauben, der dich hindurchträgt.

Du hast deinen Teil getan, und nun wartest du darauf, daß Gott seinen Teil erfüllt. Seine Aufgabe ist es, deine Gefühle zu heilen und dafür zu sorgen, daß du dich gut und nicht verletzt fühlst. Nur Gott hat die Kraft, deine Gefühle gegenüber der Person, die dich verletzt hat, zu verändern. Innere Heilung kann nur von Gott kommen, weil Er durch die Kraft des Heiligen Geistes in dir lebt (wenn du wiedergeboren bist), und Er allein kann den inneren Menschen wiederherstellen.

Warum zögert Gott die Heilung hinaus? Das Warten ist der schwierige Teil. Dein Ausharren offenbart, ob du Glauben an Gott hast. Laut

Schönheit statt Asche

Hebräer 6, 12 erben wir die Verheißungen Gottes durch Glauben und Ausdauer. In Galater 5, 5 legt der Apostel Paulus dar: „Wir nämlich erwarten durch den Geist aus Glauben die Hoffnung der Gerechtigkeit." Wir können keine positiven Ergebnisse erwarten, wenn wir dem Fleisch folgen.

Tatsache ist, daß die natürliche menschliche Art, mit denen umzugehen, die uns verletzt haben, nie gute Resultate erzielt.

Gottes Weg ist erfolgreich, aber er basiert auf dem Prinzip, die Saat zu säen und geduldig auf ihre Ernte zu warten. Wir säen die Saat, indem wir gehorsam seinem Plan folgen, der wie folgt aussieht:

1. Wir entscheiden uns, zu vergeben.
2. Wir setzen die frei, die uns verletzt haben, indem wir ihnen vergeben.
3. Wir beten für unsere Feinde.
4. Wir segnen die, die uns verletzt haben.
5. Wir glauben, daß Gott unsere Gefühle heilt.
6. Wir warten geduldig.

Wenn du beim „Warten" angekommen bist, ist die Schlacht im geistlichen Bereich gewonnen. Während du ausharrst und deine Augen auf Gott gerichtet hältst, wird dadurch Druck auf die dämonischen Mächte ausgeübt, die das Problem ins Leben gerufen haben, und sie müssen das Land, das sie erobert hatten, zurückgeben. Wenn wir unsere Augen auf Gott gerichtet halten, zwingt Er den Feind, unser Gebiet zu verlassen.

> *Wer im Schutz des Höchsten wohnt, bleibt im Schatten des Allmächtigen [dessen Macht kein Feind widerstehen kann]. Ich sage zum Herrn: Meine Zuflucht und meine Burg, mein Gott, ich vertraue auf ihn!*
> Psalm 91, 1-2 (*Amplified* in Klammern zugefügt)

Wenn du den Rest von Psalm 91 liest, entdeckst du, daß er großartige Verheißungen und Anleitungen enthält, wie du dem Feind widerstehen kannst. Ob die Versprechen in Psalm 91 erfüllt werden, hängt davon ab, ob die Bedingungen in den ersten beiden Versen eingehalten werden.

Bete für deine Feinde, und segne sie

Um meinen Standpunkt klarzumachen, möchte ich von einer persönlichen Erfahrung berichten. Eine Freundin, die ich sehr mochte, der ich vertraute und die mir in vielen Situationen geholfen hatte, verletzte mich zutiefst. Sie verbreitete Lügen über mich, die großen Kummer und Qual in meinem Leben verursachten. Man verurteilte mich und klatschte über mich, und die Frau, die hauptsächlich für diese Intrige verantwortlich war, hätte es besser wissen müssen.

Dies war vermutlich die schlimmste emotionale Verletzung, die mir jemals in meinem Dienst zugefügt wurde, weil sie von einer Mitarbeiterin in Christus kam, der ich vertraute und mit der ich arbeitete. Ich wußte, daß ich ihr vergeben mußte, sonst würde meine Unversöhnlichkeit mich und meinen Dienst vergiften. Ich begann den Sechs-Schritte-Prozeß, den ich beschrieben habe. Der erste Schritt, mich für Vergebung zu entscheiden, war nicht so schwierig. Dann sprach ich das Gebet für Vergebung, was ebenfalls nicht schwer war. Der dritte Schritt, für diese Frau zu beten, war schon schwieriger. Doch der vierte Schritt, sie zu segnen und mich zu weigern, über sie zu reden, war vermutlich der schwierigste von allen.

Es schien tatsächlich, als hätte alles, was sie getan hatte, nicht die geringsten Auswirkungen auf sie selbst, während meine Gefühle total verletzt waren. Ich gelangte schließlich zu dem Punkt, wo ich glaubte, daß sie vom Teufel getäuscht worden war und daß sie tatsächlich geglaubt hatte, Gott gehorsam zu sein, als sie das getan hatte.

Obwohl ich versuchte, Schritt fünf anzuwenden und zu glauben, daß mein Inneres geheilt würde, änderten sich meine Gefühle gegenüber dieser Frau sechs Monate lang nicht. Schritt sechs, auf den Herrn zu warten, war besonders schwer für mich, weil diese Frau ständig in meiner Nähe war. Sie entschuldigte sich nie für ihr Verhalten und gab nie zu, etwas Falsches getan zu haben. Manchmal verletzte mich das so stark, daß ich dachte, ich könnte es keinen weiteren Tag mehr ertragen!

Ich sagte zu Gott: „Ich habe meinen Teil getan. Ich vertraue dir, daß du meine Gefühle änderst." Ich lernte, daß ich sehr standhaft sein mußte und nicht aufgeben durfte, wenn der Prozeß vorangehen sollte.

Schönheit statt Asche

Ungefähr sechs Monate gingen vorbei. Manchmal, wenn ich diese Frau sah, hatte ich große Lust, zu explodieren und ihr die Meinung zu sagen! Alles, was ich tun konnte, war, den Herrn anhaltend um seine Hilfe zu bitten und mich selbst unter Kontrolle zu halten. Ich durchlebte verschiedene Gefühlsschwankungen während dieser Zeit. Manchmal konnte ich mehr Verständnis aufbringen, manchmal weniger.

Während eines Gottesdienstes an einem Sonntag wußte ich, Gott wollte, daß ich zu dieser Frau gehe, sie umarme und ihr sage, daß ich sie liebe. Ich kann ehrlich sagen, daß mein Fleisch sich mit aller Macht dagegen wehrte! Ich dachte: „Oh nein, Herr, bloß das nicht! Du wirst doch wohl nicht von mir verlangen, daß ich zu ihr gehe, wo sie zu mir kommen sollte! Wenn ich zu ihr gehe, wird sie denken, ich würde zugeben, daß es alles mein Fehler war!"

Ich wollte, daß die Frau zu mir kam und sich entschuldigte, und jetzt fühlte ich diesen sanften Druck, zu ihr zu gehen. Der Heilige Geist versuchte, mich in den Segen hineinzuführen, den der himmlische Vater für mich vorgesehen hatte. Der Herr versucht oft, uns zu zeigen, welcher Segen uns erwartet, doch wir erhalten ihn nie, weil wir stur und eigensinnig sind und nicht tun, was Er uns zeigt.

Schließlich ging ich auf die Frau zu. Mein Fleisch rebellierte die ganze Zeit dagegen, aber ich wollte dem Herrn gehorsam sein. Während ich auf sie zuging, kam sie mir entgegen. Anscheinend hatte Gott auch zu ihr gesprochen.

Als wir uns trafen, umarmte ich sie einfach und sagte: „Ich liebe dich." Sie tat genau dasselbe, und das war alles! Sie hat sich weder bei mir entschuldigt, noch jemals erwähnt, was passiert war. Trotzdem zerbrach Gott durch meinen Gehorsam das Joch der Bindung. Was mich betraf, war die Sache erledigt, wenigstens grundsätzlich. Gelegentlich versetzte es mir einen Stich, wenn ich sie sah oder jemand ihren Namen erwähnte, aber von diesem Tag an quälte mich die Situation nie wieder.

Den Rat, den ich dir aus eigener Erfahrung geben kann, ist:

Gehorche Gott, und handle auf seine Art!

Bete für deine Feinde, und segne sie

Es mag manchmal schwierig sein, aber es ist härter, in der Gebundenheit zu bleiben.

Denke immer an folgende Tatsache. Sie ist eine der bedeutungsvollsten Wahrheiten, die der Herr mir beibrachte:

Auch wenn es wehtut, frei zu werden, ist es weitaus schmerzvoller, in der Gebundenheit zu bleiben.

15
Vergeltung für erlittene Verletzungen

Wenn du von jemandem verletzt worden bist, wird immer das Gefühl in dir aufsteigen, daß er oder sie dir etwas schuldig ist. Im umgekehrten Fall, wenn du jemand verletzt hast, hast du vielleicht das Empfinden, du müßtest den Betreffenden besänftigen und ihn dafür entschädigen. Ungerechte Behandlung und Mißbrauch in jeglicher Form hinterlassen eine „unbezahlte Schuld" im geistlichen Reich. Solche „Schuld" fühlt man in der Seele und in den Emotionen. Wenn sie zu schwer wird und zu lange in dir verweilt, wird dies wegen all der Dinge, die andere dir schulden und die du anderen schuldest, schlechte Auswirkungen auf deinen Körper haben.

Jesus lehrte seine Jünger zu beten: Vater, vergib uns unsere Schuld, wie auch wir vergeben unseren Schuldnern (siehe Mt. 6, 12). Er sprach davon, daß wir Gott bitten sollen, uns unsere Sünden zu vergeben, und er bezeichnete sie als „Schuld". Eine Schuld ist etwas, was eine Person einer anderen geben muß. Jesus sagte, daß Gott uns unsere Schuld vergeben wird – er erläßt sie uns und löscht sie aus. Er verhält sich uns gegenüber, als ob sie nie existiert hätte.

Der Herr forderte uns auch auf, in derselben Weise mit denen umzugehen, die in unserer Schuld stehen. Ich betone nochmals, daß sich das schwierig anhören mag, doch es ist viel härter, jemanden zu hassen und das ganze Leben damit zu verbringen, eine Schuldenbegleichung zu fordern, die die betreffende Person niemals bezahlen kann.

Die Bibel sagt, daß Gott uns unseren *Lohn* geben wird (Jes. 61, 7-8). Ich habe diesen Vers bis vor einigen Jahren nie besonders beachtet. Erst als ich das Thema Vergebung und Schuldbefreiung studierte, fiel er mir wieder auf. „Lohn" ist ein Schlüsselwort für jeden, der verletzt wurde. Wenn die Bibel sagt, daß Gott uns unseren Lohn geben wird, bedeutet das, daß Gott selbst uns zurückzahlt, was man uns schuldet!

Schönheit statt Asche

Hier sind einige Schriftstellen, die das bestätigen:

Für eure [frühere] Schande sollt ihr eine zweifache Wiedergutmachung erhalten; statt Schande und Schmach soll sich dein Volk in ihrem Erbteil freuen, darum werden sie in ihrem Land das Doppelte [was sie verwirkt haben] besitzen, ewige Freude wird ihnen zuteil. Denn ich, der Herr, liebe Gerechtigkeit, ich hasse Raub und Unrecht mit Gewalt oder einem Brandopfer. Und ich werde ihnen ihre Wiedergutmachung wahrhaftig geben und einen ewigen Bund mit ihnen schließen.

Jesaja 61, 7-8

Verschiedene Schriftstellen erklären, daß Gott der Belohner und die Rache seine Aufgabe ist. Jesaja 49, 4 wurde vom Heiligen Geist in meinem Leben gebraucht:

Ich aber sagte: Umsonst habe ich mich abgemüht, vergeblich und für nichts meine Kraft verbraucht. Doch mein Recht ist bei dem Herrn und mein Lohn bei meinem Gott.

Ich habe mich zweifellos viele Jahre vergeblich abgemüht. Das Wort *vergeblich* bedeutet 'nutzlos'. Hast du dich umsonst abgemüht, waren deine Anstrengungen vergeblich? Bist du körperlich, geistlich und seelisch ausgebrannt, weil du versucht hast, es allen, die dich verletzt haben oder die du verletzt hast, zurückzuzahlen? Rache ist der Versuch, es Menschen für Verletzungen, die sie dir zugefügt haben, heimzuzahlen. Das Problem dabei ist, daß es vergeblich ist – Rache heilt weder die Verletzung, noch macht sie den Schaden ungeschehen. Im Gegenteil, sie vergrößert ihn noch.

Oft geht es denjenigen gut, die du haßt und an denen du versuchst, dich zu rächen, und sie wissen nicht oder kümmern sich nicht darum, wie du dich fühlst. Lieber verletzter Mensch, deine Mühe ist vergeblich! Die Schriftstelle hat recht: Ich hatte meine Kraft umsonst vergeudet, all meine Anstrengung war wertlos, bis ich lernte, mich von Gott belohnen zu lassen.

Als „Lohn" wird auch die Bezahlung eines Arbeiters bezeichnet. Wenn du bei deiner Arbeit für Gott verletzt wirst, wird Er dich entschädigen. *Lohn* bedeutet auch 'Belohnung'. Laut der Bibel ist Gott selbst unsere Belohnung (1. Mo. 15, 1), aber Er entlohnt uns auch, indem Er spezielle Dinge für uns tut. Er gibt uns beispielsweise „unaussprechliche Freude" (1. Petr. 1, 8) und den Frieden, der „allen Verstand übersteigt" (Phil. 4, 7). Er hat mein Leben in so hohem Maß positiv verändert, daß ich manchmal kaum glauben kann, daß ich mich heute so gut fühle und so gesegnet bin!

Lange Zeit war ich voller Haß und Groll. Ich war bitter, hatte Komplexe und bemitleidete mich selbst. Ich ließ meine Gefühle an allen aus, besonders an denen, die versuchten, mich zu lieben.

Du mußt bedenken, daß das, was du in dir hast, auch nach außen dringt. Wenn du voller Wut, Bitterkeit und Groll bist, vergiftest du nicht nur andere Beziehungen, sondern auch dich selbst. Was in dir ist, wird herauskommen! Im Gespräch, in deiner Haltung, in deiner Körpersprache und im Klang deiner Stimme.

Wenn du schlechte Gedanken und Einstellungen hast, wird das dein ganzes Leben beeinflussen. Überlaß es dem Herrn selbst, die Schuld zu fordern. Er ist der einzige, der dieser Aufgabe gewachsen ist. Komm auf den Weg des Herrn, und Er wird deine Schuld eintreiben und dich für alle Verletzungen aus der Vergangenheit entschädigen. Und es ist herrlich zu beobachten, wie Er es tut!

Ich will, aber wie?

Schreib alles, was du schuldest und was man dir schuldet, auf. Ich spreche von Schuld im Reich Gottes, nicht von finanziellen Schulden. Schreibe quer über alles: *Erlassen!* Sag laut: „Niemand schuldet mir etwas, und ich bin auch niemandem etwas schuldig. Ich hebe alle Schuld auf und gebe sie Jesus. Es ist jetzt seine Aufgabe, alles zurückzuzahlen, was geschuldet wird."

Wenn du jemand verletzt hast, kannst du dieser Person sicher sagen, daß es dir leid tut, und sie um Vergebung bitten. Bitte versuche nicht dein Leben lang, andere für das, was du ihnen getan hast, zu entschädigen – das ist nutzlos. Nur Gott kann das tun. Hier ist ein praktisches Beispiel:

Während ich meine Kinder großzog, hatte ich immer noch viele seelische Schwankungen infolge des Mißbrauchs in der Vergangenheit. Verletzt und ohne Kenntnis darüber, wie man mit Gott Dinge anging, verletzte ich schließlich meine eigenen Kinder. Ich schrie und kreischte viel. Ich brauste schnell auf und hatte keine Geduld. Es war sehr schwierig, mit mir umzugehen und mich zufriedenzustellen.

Ich legte viele Regeln für meine Kinder fest. Ich gab ihnen Liebe und akzeptierte sie, wenn sie meine Regeln befolgten, und ich wurde wütend, wenn sie es nicht taten. Ich war nicht sehr gnädig. Ich erkannte nicht, daß ich meine Kinder genauso behandelte, wie ich als Kind behandelt worden war, was die meisten Menschen tun, die mißbraucht worden sind.

Da mein ältester Sohn jahrelang auf meinem „Schlachtfeld" gelebt hatte, hatte er einige persönliche Probleme und emotionale Unsicherheiten entwickelt. Wir hatten ständig Streitereien, und im großen und ganzen kamen wir nicht gut miteinander aus. Natürlich wollte ich, nachdem ich die Taufe im Heiligen Geist erhalten und Gottes Wort studiert hatte, den Schaden, den ich angerichtet hatte, wiedergutmachen. Ich wollte meinen Sohn für die Art, wie ich ihn behandelt hatte, entschädigen. Man könnte auch sagen, daß ich ihm die Schuld für die Verletzungen, die ich ihm zugefügt hatte, zurückzahlen wollte.

Wie sah das in der Praxis aus? Ich entschuldigte mich, aber was dann? Eine Zeitlang dachte ich irrtümlicherweise, daß ich ihm alles geben sollte, was er wollte, schließlich war ich in seiner Schuld. Mein Sohn hat eine starke Persönlichkeit, und zu dieser Zeit hatte er den Herrn noch nicht angenommen. Er lernte schnell, wie er Schuldgefühle in mir erzeugen konnte. Er manipulierte und kontrollierte mich emotional und versuchte, meine neue Beziehung zum Herrn zu seinem Vorteil zu nutzen.

Eines Tages versuchte ich ihn aufgrund seines Verhaltens zu korrigieren. Er antwortete mir: „Ich wäre nicht so, wenn du mich richtig behandelt hättest." Meine Reaktion darauf war zu jener Zeit „normal" für mich: Ich zog mich in einen anderen Raum zurück und fühlte mich schlecht. Aber dieses Mal zeigte Gott mir etwas. Er sagte: „Joyce, dein Sohn hat die gleiche Möglichkeit, seine Probleme zu überwinden wie du. Du hast ihn verletzt, weil jemand dich verletzt hat. Es tut dir leid, und du hast Buße getan, mehr kannst du nicht tun. Du kannst nicht den Rest deines Lebens mit dem Versuch verbringen, etwas ungeschehen zu machen, was bereits geschehen ist. Ich werde ihm helfen, wenn er es zuläßt."

Ich wußte, ich sollte meinem Sohn mitteilen, was der Herr mir gesagt hatte. Das tat ich. Dann traf ich die Entscheidung, daß ich nicht mehr länger versuchen würde, ihm etwas zurückzuzahlen. Er durchlebte ein paar stürmische Jahre, aber schließlich wandte er sich ernsthaft Gott zu und erlebte seinen eigenen Heilungs- und Reifeprozeß. Heute ist er nicht nur mein Angestellter bei *Life In The Word*, sondern auch mein guter Freund.

Ich möchte dich wirklich ermutigen, diesen Bereich in deinem Leben unter die Lupe zu nehmen und Gott zu erlauben, dich zu belohnen. Sein Lohn ist großartig. Es gibt bei Gott immer eine Zeit des Wartens, aber wenn du tust, was Er von dir möchte, wird dein Durchbruch kommen. Du wirst Fehler machen; wenn das geschieht, bitte um Vergebung und geh weiter!

Wenn ein Baby laufen lernt, geschieht das nie, ohne daß es viele Male hinfällt. Doch es steht wieder auf und versucht es weiter. Komm zu Jesus wie ein kleines Kind. Er streckt dir seine Arme entgegen – geh auf Ihn zu! Auch wenn du immer wieder fällst, steh auf und geh weiter!

Bevor dieses Kapitel endet, möchte ich einen Punkt wiederholen: Wir machen nicht nur den Fehler, daß wir von Menschen, die uns verletzt haben, Entschädigung fordern, sondern wir übertragen unsere Verletzungen manchmal auch auf andere, die in Wirklichkeit gar nichts dafür können.

Ich habe jahrelang versucht, meine seelischen Bedürfnisse bei meinem Mann zu stillen; schließlich war er mein Mann, und ich führte eine Beziehung mit ihm. Das ist ein weitverbreitetes Problem. Manche Frauen hassen alle Männer, weil ein Mann sie verletzt hat. Ein Junge, der von seiner Mutter verletzt wurde, kann aufwachsen und den Rest seines Lebens Frauen hassen und mißbrauchen. Das ist eine Art der Schuldeintreibung. Bitte mach dir klar, daß derartiges Verhalten das Problem nicht löst und nicht die innere Befriedigung bringt, daß die Schuld schließlich bezahlt wurde. Es gibt nur einen Weg, die Schuld aufzuheben, und das ist der Weg Gottes.

16
Eifersucht

Wer eifersüchtig ist, will etwas haben, das einem anderen gehört. Einen eifersüchtigen Menschen stört es nicht, wenn andere behalten, was sie haben, solange er dasselbe bekommt.

Wie entsteht Eifersucht? Ich glaube, eine der Hauptursachen ist Unsicherheit und die Unkenntnis, was es bedeutet, „in Christus" zu sein.

Der Teufel belügt uns, indem er uns sagt, daß andere Menschen „besser" sind als wir. Er täuscht uns erfolgreich mit negativen Gedankenmustern, wie: „Wenn ich nur haben könnte, was er hat", oder: „Wenn ich nur wie sie sein könnte", oder: „Wenn ich nur könnte, was sie können." Wir denken, wenn wir wie andere wären, könnten wir so „gut" sein wie sie. Solch falsche Gedanken erfüllen uns mit Eifersucht und Neid.

Neid und Eifersucht ist nicht dasselbe. Jemand, der neidisch ist, gönnt anderen nicht, was sie haben. Mit anderen Worten, genauso gut wie ein anderer zu sein genügt ihm nicht. Er möchte besser sein als die andere Person, sonst ist er nicht zufrieden.

Eines der zehn Gebote lautet: „Du sollst nicht begehren ..." (2. Mo. 28, 17). Das Gesetz des Alten Testaments verlangte, daß ein Mensch sich Gottes Gunst durch vollkommene Leistung und ständige Opfergaben verdienen mußte, um seinen unvollkommenen Zustand wettzumachen. Das war unmöglich! Wenn die Menschen hart genug arbeiteten und kämpften, konnten sie vielleicht die ersten neun Gebote einhalten. Aber das zehnte – „Du sollst nicht begehren ..." – konnten sie nicht halten, weil es mit dem Herzen und dem Verlangen des Menschen nicht zu vereinbaren war.

Um nach der Forderung des Gesetzes gerecht zu sein, mußte man das gesamte Gesetz perfekt einhalten. „Den größten Teil davon" einzuhalten reichte nicht aus! Die Menschen verstießen gegen das Gesetz, weil sie das Haus oder die Knechte des Nachbarn oder andere seiner

Besitztümer haben wollten, sprich begehrten. Dieses eine Gebot macht deutlich, wie sehr die Menschheit einen Retter brauchte. Wir Menschen benötigten Hilfe, denn sonst hätten wir niemals rein vor Gott stehen können.

Unter dem neuen Bund ist der Wert eines Menschen ausschließlich „in Christus" begründet, und zwar nur durch den Glauben an Ihn, wie alles, was ein Mensch braucht. Christus ist unsere GeRECHTigkeit. Wir sind nicht gerecht gemacht, weil wir etwas haben, was jemand anderer hat, sondern durch den Glauben an Jesus. Die Erkenntnis dieser Wahrheit vermittelt ein Gefühl von Sicherheit und befreit von der Versuchung, eifersüchtig oder neidisch zu sein.

Glieder eines Körpers

Das beste Beispiel, um diesen Punkt zu verdeutlichen, gab Gott mir eines Tages, als ich über Eifersucht lehrte:

Stell dir den menschlichen Körper vor, der aus vielen verschiedenen Gliedern besteht. Jedes Körperteil sieht anders aus, hat eine andere Funktion und spezifische Fähigkeiten. Einige Teile sind sichtbar, andere sind verborgen und selten zu sehen. (In 1. Kor. 12 benutzt der Apostel Paulus dasselbe Beispiel, um den Leib Christi mit unserem natürlichen Körper zu vergleichen.)

An meinem Finger trage ich einen Ring, und mit meinen Augen habe ich das große Vergnügen, diesen Ring an meinem Finger zu sehen. Das Auge wird nie einen Ring tragen. Wenn nun das Auge eifersüchtig werden und sich beklagen würde, weil es selbst einen Ring tragen wollte, könnte Gott versuchen, das Auge glücklich zu machen, indem Er seine Bitte erfüllt – nun stell dir vor, was für ein Chaos das in meinem Körper verursachen würde! Wenn das Auge einen Ring tragen würde, müßte der Kopf weit nach hinten geneigt sein. Dann könnte das Auge dem Rest des Körpers jedoch den Weg nicht mehr zeigen, weil es nichts mehr sieht.

Punkt 1 ist deshalb: Wenn wir versuchen, etwas zu sein, was Gott nicht für uns beabsichtigt hat, können wir unsere gottgegebene Funktion im Leib Christi nicht erfüllen. Wenn das Auge einen Ring tragen würde, könnte es sich nicht an dem Anblick des Rings am

Finger erfreuen, doch genau dieses Vergnügen hat Gott dem Auge vorbehalten. Erinnere dich: Der Finger trägt den Ring, doch das Auge sieht den Ring. Das Auge wurde geschaffen, um sich an dem Anblick der Fähigkeiten des restlichen Körpers zu erfreuen.

Punkt 2 ist offensichtlich: Wenn ein Mensch versucht, etwas zu sein, zu dem er nicht bestimmt ist, bringt ihn das um die *Freude* in seinem Leben. Diese Freude würde er erleben, wenn er seinen für ihn bestimmten Platz einnehmen würde und damit zufrieden wäre, die Aufgabe zu erfüllen, die Gott ihm zugedacht hat.

Ich persönlich glaube, daß das ein Grund dafür ist, warum so viele Menschen, die eines Tages in den Himmel gehen werden, den Weg dahin nicht genießen können.

Wenn du Sinn für Humor hast – wie ich –, dann nimm einen Ring von deinem Finger und versuch, ihn auf deinem Auge zu tragen. Du wirst schnell begreifen, was ich meine!

Gott hat mir, wie gesagt, diese Illustration gegeben, während ich lehrte. Er setzte das Beispiel anhand der Hände und Füße fort, um noch deutlicher zu werden. Stell dir vor: Wenn meine Füße neue Schuhe bekommen, *sind meine Hände froh, ihnen helfen zu können, in die Schuhe hineinzuschlüpfen, wenn sie es nicht allein schaffen!*

Auf diese Weise funktioniert der Körper – kein Glied ist eifersüchtig oder neidisch auf ein anderes. Jedes Körperteil weiß, daß es einzigartig ist und zu einem bestimmten Zweck von seinem Schöpfer geschaffen wurde. Jedes Teil erfreut sich seiner Funktion im Körper, weil es weiß, daß in Gottes Augen kein Körperteil besser ist als ein anderes.

Kein Glied ist minderwertig, weil es eine andere Funktion hat. Jedes Glied kann sich über seinen Platz und seine Rolle freuen und *anderen Körperteilen helfen*, ohne zu zögern. Die Hände sagen nicht zu den Füßen: „Wenn ihr glaubt, wir helfen euch, eure neuen Schuhe anzuziehen, täuscht ihr euch! Eigentlich hätten wir selbst gern neue Schuhe. Wir sind es leid, nur Handschuhe und Ringe zu tragen. Wir möchten eigene Schuhe haben und auch so sein wie ihr!"

Nein! Auf so eine Idee kommen die Hände nicht, wenn die Füße neue Schuhe bekommen und Hilfe beim Anziehen brauchen. Und auch

Schönheit statt Asche

wir sollten *nicht* so reagieren, wenn jemand, den wir kennen, Hilfe braucht. Wir sollten bereit sein, anderen alle uns mögliche Hilfe zu geben, damit sie das werden, wozu sie geschaffen worden sind, und alle Segnungen erhalten, die Gott für sie vorgesehen hat.

Frag dich einmal selbst: „Trage ich meinen Ring auf dem Auge oder meine Schuhe an den Händen?" Wenn du das tust, ist es kein Wunder, daß es dir schlecht geht und du keine Freude hast.

Im dritten Kapitel des Johannesevangeliums erfuhr Johannes, der Täufer, von seinen Jüngern, daß Jesus auch taufte und daß nun mehr Menschen zu Jesus kamen als zu ihm. Diese Nachricht wurde Johannes in einer falschen Geisteshaltung überbracht; es war beabsichtigt, ihn eifersüchtig zu machen. Die Jünger, die die Nachricht überbrachten, waren offensichtlich unsicher und wurden vom Teufel benutzt, um Johannes gegen Jesus aufzuhetzen.

> *Johannes antwortete: Ein Mensch kann nichts empfangen, – er kann nichts beanspruchen, er kann sich selbst nichts nehmen –, es sei denn, es ist ihm vom Himmel gewährt. [Ein Mensch muß damit zufrieden sein, das Geschenk, das vom Himmel kommt, zu erhalten; es gibt keine andere Quelle.]*
> Johannes 3, 27 (*Amplified*)

Johannes machte seinen Jüngern klar, daß Jesus nur deshalb seine Werke tat, weil Er von seinem himmlischen Vater dazu befähigt worden war. Johannes kannte seine göttliche Berufung von Gott, und er wußte auch, wozu Jesus berufen war. Ihm war klar, daß ein Mensch nicht über seine Berufung und seine Gaben hinausgehen kann. Johannes sagte zu seinen Jüngern: „*Ein Mensch muß* damit *zufrieden sein*, das Geschenk, das vom Himmel kommt, zu erhalten ..." Er wußte, daß Gott ihn dazu berufen hatte, ein Vorläufer für Jesus zu sein und Ihm den Weg zu bahnen. Wenn die Zeit gekommen war, wo Jesus in den Vordergrund treten würde, würde er sich zurückziehen und weniger von den Menschen beachtet werden, das wußte Johannes.

Deshalb sagte er zu seinen Jüngern, als sie ihn auf die Menschenmengen hinwiesen, die zu Jesus strömten:

Er muß wachsen, ich aber abnehmen – Er muß bekannter werden; deshalb muß ich zurücktreten.
Johannes 3, 30 (Amplified)

Was für eine herrliche Freiheit!

Es ist ein wundervolles Gefühl, sicher in Christus zu sein und mit niemandem im Wettstreit liegen zu müssen.

Frei von Konkurrenzdenken

Laßt uns nicht prahlerisch und dünkelhaft, wetteifernd und herausfordernd werden und provozierend und einander nicht verärgern, indem wir neidisch und eifersüchtig aufeinander sind.
Galater 5, 26 (Amplified)

In Galater 6, 4 ermahnt uns der Apostel Paulus, im Herrn zu wachsen, bis zu dem Punkt, an dem wir „die persönliche Befriedigung und Freude haben können, etwas Lobenswertes [in sich selbst] zu tun, ohne [sich hinzugeben in] prahlerischem Vergleich mit seinem Nächsten" (*Amplified*).

Dank sei Gott, daß wir freigesetzt sind vom Streß des Vergleichens und des Wetteiferns, wenn wir wissen, wer wir „in Christus" sind. Wir wissen, daß wir wertvoll sind, unabhängig von unseren Taten und Leistungen. Deshalb können wir unser Bestes tun, um Gott zu ehren – nicht, um zu versuchen, besser als jemand anderer zu sein.

Oft fragen Menschen meinen Mann oder mich, wie es für Dave ist, mit so einer aktiven Frau verheiratet zu sein. Meine Stimme hört man im Radio, mein Gesicht ist im Fernsehen zu sehen; ich bin es, die auf der Bühne vor den Menschen steht; ich bin diejenige, die meistens gesehen und über die gesprochen wird. Mit anderen Worten, ich bin der Dreh- und Angelpunkt unseres Dienstes. Dave ist der Verwalter; seine Aufgabe ist sehr wichtig, spielt sich aber im Hintergrund ab. Seine Arbeit findet hinter den Kulissen statt, nicht vorne an der Front wie meine.

Unsere Situation entspricht nicht der Norm; meistens ist es anders herum. Für gewöhnlich ist es in einer Teamarbeit so, daß der Mann die zentrale Rolle hat, während seine Frau hinter den Kulissen arbeitet und ihn unterstützt. Mein Mann ist selbstsicher genug, daß sein Selbstwertgefühl nicht davon bestimmt wird, was er tut oder nicht tut. Er ist sogar so sicher, daß er mir (in Gehorsam zu Gott) dabei helfen konnte, alles zu werden, was ich in Christus sein kann. Er ist zufrieden damit, mich dabei zu unterstützen, die Berufung Gottes in meinem Leben zu erfüllen und dadurch gleichzeitig Gottes Anspruch an ihn in seinem Leben zu erfüllen.

Was ist Daves Berufung, und was tut er? Seine Position ist sicherlich genauso wichtig wie meine. Sie ist nur nicht so offenkundig. Als Verwalter unseres Dienstes hat er den Überblick über die Finanzen und verhandelt mit Radio- und Fernsehsendern, die sich für unsere Sendung *Life In The Word* interessieren. Er macht die Verträge mit ihnen und wacht aufmerksam über alle Sender, die unser Programm bereits ausstrahlen, um sicherzugehen, daß sie gute Frucht bringt. Außerdem organisiert er unsere Reisen und bereitet sie vor.

Bei unseren Veranstaltungen arbeitet Dave hinter dem Tisch, wo unsere Lehrkassetten ausgestellt werden, spricht mit den Menschen und dient ihnen. Ich habe ihn schon oft gebeten, mit mir auf der Bühne zu lehren, doch seine Antwort war immer dieselbe: „Das ist nicht, wo ich sein soll. Ich kenne meinen Platz, und ich werde dort bleiben." Das sind die Worte eines reifen, selbstsicheren Mannes.

Die Menschen fragen Dave oft: „Bist du Joyces Ehemann?" Er antwortet immer: „Nein, Joyce ist meine Frau."

Dave erledigt sehr viele wichtige Aufgaben in unserem Dienst, aber die Zusammenfassung seiner Rolle beschreibt er meistens so: „Ich bin von Gott dazu berufen, dafür zu sorgen, daß Joyce dort hinkommt, wo Gott sie haben möchte. Ich sorge dafür, daß sie nicht verletzt wird, und sehe zu, daß sie keine Schwierigkeiten hat." Manchmal möchte ich Dinge tun, die Dave nicht erlaubt, weil er spürt, daß sie unklug sind oder daß nicht der richtige Zeitpunkt dafür ist. Ich möchte nicht sagen, daß es immer einfach ist, sich seinen Wünschen zu fügen, wenn sie nicht meinen entsprechen, aber ich habe gelernt, daß seine Gabe Gleichgewicht in unser Leben und unseren gemeinsamen Dienst bringt.

Eifersucht

Dave hatte anfangs ein paar Jahre lang mit unserer Situation zu kämpfen, denn es war überhaupt nicht sein Wunsch, einen Dienst zu haben. Doch Gott zeigte ihm, daß Er mir die Gabe, sein Wort zu lehren, gegeben hatte. Dave sagt: „Gott hat mich nicht darum gebeten, mich meiner Frau unterzuordnen, aber Er bat mich, mich der Gabe, die Er in sie hineingelegt hatte, unterzuordnen." Gott hatte Dave gezeigt, daß das sein Geschenk war und daß Dave sich dem Herrn selbst unterordnete, indem er sich dieser Gabe unterordnete und mir erlaubte zu tun, wozu Gott mich berufen hatte.

Dave erlaubt mir nicht nur, meine Berufung zu erfüllen, er hilft mir auch dabei. Ich sehe es als große Ehre an, mit Dave Meyer verheiratet zu sein. Aus meiner Sicht ist er der großartigste Mann, den ich kenne. Er ist auch der glücklichste, zufriedenste Mensch, den ich je getroffen habe. Wenn ich sage, daß er immer glücklich ist, meine ich das wortwörtlich. Er genießt das Leben in vollen Zügen. Ich glaube – und Dave stimmt mir zu –, daß diese Freude das Ergebnis davon ist, daß er sich Gott untergeordnet und nicht versucht hat, etwas zu werden, wozu der Herr ihn nicht berufen hat.

Er ist mit niemand im Wettstreit. Er versucht nicht, irgend jemandem irgend etwas zu beweisen.

Sicher gewurzelt und gegründet

… und ihr in Liebe gewurzelt und gegründet seid.
Epheser 3, 17

Wenn wir frei von dem Bedürfnis sind, mit anderen Menschen zu konkurrieren, können wir ihnen helfen, erfolgreich zu sein. Wenn wir wirklich wissen, wer wir sind, müssen wir unser Leben nicht damit verbringen, andere von unserem Wert zu überzeugen.

Dave weiß, daß er wichtig für Gott ist, deshalb berührt es ihn überhaupt nicht, was die Welt über seine Position im Vergleich zu meiner denkt. Ich glaube, daß Daves Entscheidung und sein Leben ein Vorbild für viele sein kann. Es gibt viel zu tun im Reich Gottes, und es wird am besten vollbracht, wenn wir alle zusammenarbeiten, jeder mit seiner individuellen Gabe, die Gott in ihn gelegt hat.

Schönheit statt Asche

Am besten legen wir jegliche Tendenzen *zur Eifersucht, zum Neid, zum Konkurrenzdenken und Vergleichen* ab. Bedenken wir, daß diese Probleme in Unsicherheit wurzeln. Die gute Nachricht ist, daß wir von Unsicherheit frei sein können und daher auch von den Problemen, die sie verursacht. In Jesaja 54, 17 (*Amplified*) heißt es: „… Dies [der Frieden, die Gerechtigkeit, Sicherheit, der Triumph über die Gegner] ist das Erbteil der Knechte des Herrn …" Das bedeutet, daß als Söhne und Töchter Gottes ein Teil unseres Erbes Sicherheit ist! Tritt deine Erbschaft jetzt an!

Genieße die Erfüllung, den Frieden und die Freude, die aus dem Wissen resultieren, daß Gott dich liebt und dich wegen deines Glaubens an seinen Sohn Jesus Christus als gerecht und wertvoll ansieht. Sei fest gewurzelt in seiner Liebe zu dir und gründe dich auf sie!

17
Emotionale Abhängigkeit

In einem vorherigen Kapitel habe ich den Ausdruck „Suchtverhalten" erwähnt. Ein solches Verhalten kann jemand entwickeln, der mißbraucht wurde und in seinem Inneren voller Schamgefühle ist. In diesem Teil möchte ich speziell auf dieses „Suchtverhalten" eingehen und beschreiben, wie man es angehen kann.

In diesem Zusammenhang kann *Abhängigkeit* als zwanghaftes Verhalten, oft als unbewußte Reaktion auf ein Reizmittel, definiert werden. Menschen, die verletzt wurden, neigen eher dazu, zu *reagieren* als zu *agieren*. Was ich damit meine ist, daß sie eher aus ihren verletzten Gefühlen heraus reagieren, als entsprechend der Weisheit und dem Wort Gottes zu handeln.

Viele Jahre lang verhielt ich mich emotional, wenn ich mit einer Situation oder Persönlichkeit konfrontiert wurde, die mich an die Vergangenheit erinnerte. Ich reagierte aus Furcht, statt aus Glauben zu handeln. Solche Vorfälle können für das verwundete Opfer sehr verwirrend sein, weil alles so schnell geschieht, daß es wirklich nicht versteht, warum es sich so verhält.

Der Mensch, der mich mißbrauchte, hat eine sehr starke, dominierende Persönlichkeit. Ich war während meiner Kindheit starker Manipulation und Kontrolle unterworfen. Ich beschloß und versprach mir wiederholt selbst, daß mich nie wieder jemand kontrollieren würde, wenn ich alt genug sei, um von Zuhause wegzugehen.

In den folgenden Jahren hatte ich ein verzerrtes Bild von Autorität. Ich betrachtete alle Autoritätspersonen als meine Feinde. Ich hatte solche Angst davor, kontrolliert und manipuliert zu werden, daß ich jedes Mal mit Wut und Zurückweisung reagierte, wenn irgend jemand etwas von mir verlangte, was ich nicht tun wollte. Oft ging es um Kleinigkeiten. Schon ein Vorschlag von jemand, der nicht meinen Wünschen entsprach, reichte aus, daß ich mich sehr seltsam verhielt.

Schönheit statt Asche

Ich selbst verstand meine Handlungen genauso wenig wie die anderen. Natürlich wußte ich, daß mein Verhalten falsch war; ich wollte nicht so sein, aber ich sah keine Möglichkeit, es zu ändern.

Stück für Stück belehrte Gott mich hinsichtlich meiner emotionalen Abhängigkeiten. Er zeigte mir, daß man – ebenso wie Menschen von bestimmten chemischen Substanzen (Drogen, Alkohol, Nikotin, Koffein, Zucker) körperlich abhängig werden können – auch geistige und seelische Abhängigkeiten entwickeln kann. Erinnere dich, eine Sucht ist ein zwanghaftes Verhalten; man handelt, ohne vorher zu überlegen. Meine heftigen Reaktionen waren im Grunde meine Art auszudrücken: *„Du wirst mich nicht kontrollieren!"*

Ich hatte solche Angst davor, kontrolliert zu werden, daß ich in jeder Situation überreagierte und versuchte, mich zu schützen, obwohl es manchmal gar kein reales Problem gab. Die Wut sagte: „Ich werde mich nicht von dir kontrollieren lassen!", und der Rückzug sagte: „Ich lehne es ab, mit dir in Kontakt zu kommen!" Ein Mensch kann nicht verletzt werden, wenn er sich auf etwas nicht einläßt. Wann immer sich also etwas Schmerzhaftes in einer Beziehung ereignete, griff ich es an oder weigerte mich, mich damit auseinanderzusetzen. Beide Verhaltensweisen sind unausgewogen und nicht schriftgemäß; sie verschlimmern das Problem der Abhängigkeit noch, indem sie ihr Nahrung geben.

Ein Mensch, der drogenabhängig ist, braucht im Laufe der Zeit immer größere Mengen von Drogen. Je länger er zuläßt, daß seine Abhängigkeit ihn beherrscht, desto mehr fordert sie von ihm. Am Ende wird sie ihn auffressen. Die Abhängigkeit muß gebrochen werden. Und das bedeutet, dem Fleisch die Substanz, an die es gewöhnt ist, zu verweigern und die Qual des Entzugs zu ertragen, um frei zu werden. Dasselbe Prinzip gilt für geistige oder seelische Abhängigkeiten.

Abhängig von Sorgen und Grübeleien

Eine meiner geistigen Abhängigkeiten war Sorge. Ich sorgte mich und sorgte mich und sorgte mich. Wenn es nichts gab, um das ich mir Sorgen machen mußte, fand ich etwas. Ich entwickelte ein falsches

Verantwortungsbewußtsein und versuchte, Probleme zu lösen, für die ich keine Lösung hatte. Ich grübelte, rechnete immer mit dem Schlimmsten und war ständig verwirrt.

Demzufolge war mein Denken von Sorgen und Befürchtungen bestimmt. Obwohl mich das körperlich und geistig völlig erschöpfte und jede Spur von Freude aus meinem Leben wich, hatte ich es nicht unter Kontrolle. Automatisch reagierte ich auf jedes Problem, indem ich mich sorgte und grübelte. Obwohl dem nicht so war, fand ich mein Verhalten normal, denn es war die Art, wie ich *immer* auf Probleme reagiert hatte.

Doch das Wort Gottes sagt: „Vertraue auf den Herrn." (Ps. 37, 3). Es ist jedoch nicht einfach zu vertrauen, wenn man mißbraucht wurde. Die Menschen, denen du vertraut und von denen du erwartet hast, daß sie dich gut behandeln, haben dich ausgenutzt und damit schwer enttäuscht. Sie haben dich zutiefst verletzt, deshalb hast du dir fest vorgenommen, daß dich nie wieder jemand verletzen würde. Du wartest gar nicht erst ab, ob jemand dich verletzen könnte oder nicht, sondern richtest sofort Schutzmauern um dich herum auf, die dich vor Verletzungen bewahren sollen.

Eine Möglichkeit, dich selbst zu schützen ist, allem ganz genau auf den Grund zu gehen. Wenn du das erreichst, hast du alles unter Kontrolle, und es gibt keine unliebsamen Überraschungen, die dich ängstigen könnten.

Als Gott begann, in meinem Leben zu wirken, zeigte Er mir ganz klar, daß ich regelrecht süchtig nach Sorgen und Grübeln war und daß ich diese Abhängigkeit aufgeben mußte. Wenn es ein Problem in meinem Leben gab und ich es nicht lösen konnte, fühlte ich mich in meinem Inneren völlig außer Kontrolle. Du darfst nicht vergessen, daß ich alles, was um mich herum vorging, unter Kontrolle haben wollte – denn dann, so dachte ich, konnte ich nicht verletzt werden.

Ich glaubte, daß ich ganz gut auf mich selbst aufpassen konnte, aber ich glaubte nicht, daß jemand anderer sich um mich kümmern würde.

Schönheit statt Asche

Verleugne dich selbst

... Wenn jemand mir nachkommen will, verleugne er sich selbst – vergesse, ignoriere, enteigne, verliere sich selbst und seine eigenen Interessen aus den Augen – und ... halte standhaft an mir fest.

Markus 8, 34 (*Amplified*)

Als der Herr fortfuhr, in seiner geduldigen Art an mir zu arbeiten, lehrte Er mich, daß ich Ihm vertrauen konnte. Ich konnte glauben, daß Er selbst dann an meinem Problem arbeitete, wenn ich es nicht tat. Meine Aufgabe war, im Glauben zu leben und zu vermeiden, mich zu sorgen oder zu grübeln. Ich mußte meinem Denken die gewohnten Bahnen *verweigern*, von denen es abhängig war. Als ich das tat, wurde ich schließlich vollkommen frei davon. Ich hatte einige Entzugserscheinungen – ich fühlte mich ängstlich, außer Kontrolle und auch „dumm". (Der Teufel versucht alles, um einen Menschen in der Gebundenheit festzuhalten, auch indem er ihm das Gefühl gibt, sich lächerlich zu machen.)

In Markus 8, 34 lehrt Jesus, daß wir uns selbst und unsere Sichtweise verleugnen müssen, um Ihm zu folgen und seinen Weg zu wählen. Mein Weg war, mich um mich selbst zu kümmern. Sein Weg ist, daß wir uns Ihm anvertrauen und durch Erfahrung lernen, daß Er uns niemals aufgeben oder verlassen wird (Hebr. 13, 5). Um seine Wahrheit zu lernen, mußte ich zuerst „meinen Weg" aufgeben.

Wie ein entwöhntes Kind

Habe ich meine Seele nicht beschwichtigt und beruhigt? Wie ein entwöhntes Kind bei seiner Mutter, wie ein entwöhntes Kind ist meine Seele in mir.

Psalm 131, 2

Offensichtlich war sich der Psalmist der gleichen Dinge bewußt, die wir in diesem Kapitel über das Ausbrechen aus Abhängigkeiten behandeln. Auch er erwähnt, daß seine *Seele* entwöhnt wurde. Die Seele wird oft definiert als der Verstand, der Wille und die Gefühle. Wir sehen anhand dieser Schriftstelle, daß diese Bereiche von bestimmten Verhaltensweisen abhängig werden können – genauso wie der Körper von bestimmten Substanzen.

Indem ich meinem Geist das Recht, sich zu sorgen und zu grübeln, entzog, wurde ich von einer geistigen Abhängigkeit entwöhnt wie ein Baby von seinem Fläschchen oder Schnuller. Und wie das Baby Phasen hat, in denen es weint und alles versucht, um das Fläschchen oder den Schnuller zurückzubekommen, hatte auch ich Phasen wo ich mich ärgerte, weinte und mich selbst bemitleidete. Gelegentlich hatte ich auch Angstattacken, aber ich ließ mich weiterhin von Gott umformen, bis ich völlig frei davon war, meinen eigenen Weg zu gehen.

Jesus sagte, Er sei gekommen, um die Gefangenen zu befreien (Lk. 4, 18), und daß jeder, den der Sohn freimacht, wahrhaftig frei ist (Joh. 8, 36).

18
Intimität und Vertrauen

Für einen Menschen, der mißbraucht worden ist, ist Intimität oft sehr schwierig. Intimität erfordert Vertrauen, und wenn das Vertrauen erst einmal zerstört worden ist, muß es wieder aufgebaut werden, bevor man die Intimität genießen kann.

Da Menschen sich immer gegenseitig verletzen, können wir uns nicht darauf verlassen, daß andere uns nie wehtun. Ich kann dir leider nicht sagen: *„Vertraue den Menschen einfach, sie werden dich nicht verletzen."* Sie tun es oft nicht mit Absicht, doch wir sollten uns der Tatsache stellen, daß Menschen Menschen verletzen.

Wie ich bereits erwähnte, ist mein Mann wunderbar, nett und lebensfroh. Dennoch kommt es vor, daß er mich verletzt, genauso wie ich ihn manchmal verletze. Auch Menschen, die sich sehr lieben, verletzen und enttäuschen einander.

Es dauerte viele Jahre, bis ich gern mit meinem Mann Sex hatte und ehrlich sagen konnte, daß ich unser Intimleben genoß. Ich fürchtete mich davor, verletzt und ausgenutzt zu werden, so daß ich mich nicht entspannen konnte. Meine Grundhaltung war: Wenn wir das schon tun müssen, dann laß es uns hinter uns bringen, dann kann ich es vergessen und etwas anderes machen. Natürlich spürte mein Mann meine Einstellung, obwohl ich versuchte, meine wahren Gefühle zu verbergen und so zu tun, als ob ich unsere sexuelle Beziehung genoß.

Durch meine Einstellung fühlte Dave sich abgelehnt. Wäre er nicht ein reifer Christ gewesen, der durch seinen Scharfsinn erkannte, was in mir vorging, hätte meine Haltung seinem Selbstwertgefühl als Mann, geschweige denn als Ehemann, schweren Schaden zufügen können.

Dave sagte einmal zu mir: „Wenn ich von deiner Meinung abhängig wäre, was für ein Mann ich bin, hätte ich ernsthafte Schwierigkeiten."

Schönheit statt Asche

Ich bin dem Herrn dankbar, daß Er mir einen reifen Christen zum Mann gegeben hat. Ich bin dankbar, daß ich ihn nicht zerstört habe, während ich geheilt wurde. Oft heiraten kaputte Menschen ebenfalls kaputte Menschen. Nachdem sie einander zerstört haben, werden ihre Probleme auf ihre Kinder übertragen, die dann wiederum die nächste Generation gequälter, gepeinigter Menschen hervorbringen.

Vor diesem Thema habe ich mich jahrelang gedrückt. Tief in meinem Inneren wußte ich, daß ich mich mit meiner Einstellung zu Sex und Intimität auseinandersetzen mußte, aber ich *schob es* Monat für Monat, Jahr für Jahr *auf*. Neigst du auch dazu, Dinge aufzuschieben, obwohl Gott will, daß du dich mit ihnen auseinandersetzt? Wir tun das, weil manche Themen zu schmerzvoll sind, um auch nur daran zu denken, geschweige denn, uns mit ihnen auseinanderzusetzen.

Schließlich traf ich die Entscheidung, nicht mehr länger zu zaudern, sondern mich der Wahrheit zu stellen. In dieser Situation sah die Wahrheit so aus: 1.) Ich hatte ein Problem, für das ich Dave bestrafte. 2.) Er war sehr geduldig mit mir gewesen, aber es war Zeit für mich, dem Problem ins Auge zu sehen. 3.) Solange ich damit fortfuhr, mich so zu verhalten, würde der Teufel mich weiterhin täuschen, weil ich meiner Vergangenheit erlaubte, meine Gegenwart und meine Zukunft zu beeinflussen. 4.) Das Problem weiterhin aufzuschieben wäre nichts anderes, als direkter Ungehorsam gegenüber dem Heiligen Geist.

Natürlich hatte ich große Angst; ich wußte auch nicht, wie ich anfangen sollte. Ich erinnere mich, wie ich zu Gott schrie: „Aber wie kannst du von mir erwarten, daß ich Dave vertraue? Was, wenn er mich ausnützt? Oder was, wenn …" Dem Teufel gehen die *„Was, wenn"* nie aus. Ich erinnere mich besonders daran, daß der Herr mich aufforderte: „Ich bitte dich nicht, Dave zu vertrauen, ich bitte dich, mir zu vertrauen." Dadurch erhielt ich eine ganz neue Betrachtungsweise für die Situation. Es fiel mir leichter, Gott zu vertrauen als Menschen, also konnte ich da anfangen.

Ich verpflichtete mich schlicht und einfach zu tun, was immer der Herr mir in meinem Herzen zeigte, und ihm meine Gefühle darüber anzuvertrauen. Beispielsweise wollte ich immer, daß das Licht aus war, wenn Dave und ich miteinander schliefen. Ich erinnere mich, wie ich in meinem Herzen erkannte, daß ich das Licht anlassen sollte, und so tat ich es. Das war schwierig, aber nachdem ich es ein paar Mal getan hatte, wurde es immer leichter. Heute spielt es für mich keine Rolle mehr, ob das Licht an oder aus ist, weil ich mich nicht mehr verstecke.

Ein anderes Beispiel: Ich hätte Dave nie gezeigt, wenn ich Interesse an Sex gehabt hätte. Es gab Zeiten, wo ich ihn begehrte; ich hatte ein körperliches Verlangen nach ihm, aber ich *hätte* ihn das *nie* wissen lassen. Ich erkannte, daß ich etwas unternehmen und es ihm mitteilen mußte, wenn ich ihn wollte. Das war besonders schwierig für mich, weil ich immer dachte, daß Sex falsch oder schmutzig war, weil ich Sexualität in meiner Kindheit nur auf diese Weise kennengelernt hatte.

Meine ersten sexuellen Erfahrungen waren pervertiert, deshalb hatte ich eine ungesunde Einstellung zu Sex. Rein verstandesmäßig wußte ich, daß Sex ursprünglich Gottes Idee war, doch irgendwie konnte ich nicht über meine Gefühle hinwegkommen. Nochmals, „gehorsames Handeln" brachen die Bindung, und heute bin ich auch in diesem Bereich frei.

Verstehe bitte eines: Wenn der Heilige Geist dich auffordert, etwas zu tun, dann deshalb, weil Er dir helfen, dich segnen und dich freisetzen will!

Der Heilige Geist ist der Helfer und hat nur dein Bestes im Sinn.

Menschen mögen dich verletzen, aber Gott nicht. Einige der Lernprozesse, durch die Er dich führt, mögen eine Zeitlang weh tun, doch Gott wird sie letztendlich zu deinem Besten wenden.

Als ich beharrlich tat, was der Herr mir zeigte, gewann ich immer mehr Freiheit, und so wird es auch bei dir sein! Es gab viele Stationen – zu viele, um sie hier alle beschreiben zu können –, aber ich glaube, du verstehst, was ich meine. Du wirst dich deiner eigenen Situation stellen müssen, und der Heilige Geist wird dich durch deinen Heilungsprozeß im Bereich Intimität und Vertrauen führen.

Weigere dich, den Rest deines Lebens in einem Gefängnis von Argwohn und Angst zu leben!

Schönheit statt Asche

Vertraue auf den Herrn

Ich weiß, daß ich das an anderer Stelle in diesem Buch bereits gesagt habe, aber es liegt mir am Herzen, es zu wiederholen. Die wichtigste und hilfreichste Wahrheit im Bereich des Vertrauens und auch in anderen Bereichen war: Gott will nicht, daß wir Menschen vertrauen, sondern Ihm.

Wir können lernen, Menschen in einer ausgewogenen Weise zu vertrauen. Wenn wir aus dem Gleichgewicht geraten, werden wir verletzt. Gott benutzt solche Situationen oft, um uns die Weisheit zu lehren, wie man Beziehungen im Gleichgewicht hält.

Wenn ich mich mit diesem Thema beschäftige, lese ich oft Jeremia 17, 5-8 (*Amplified*). In Vers 5 heißt es: „So spricht der Herr: Verflucht [mit großem Übel] ist der starke Mann, der sich auf Menschen, die doch so anfällig sind, verläßt und ihnen vertraut, der schwaches [menschliches] Fleisch zu seinem Arm macht, und dessen Verstand und Herz vom Herrn weicht." Denk über diesen Vers nach. Er sagt unverblümt, daß wir Flüche (Schwierigkeiten) auf uns ziehen, wenn wir Menschen das Vertrauen schenken, das eigentlich Gott gehört.

In Vers 6 geht es weiter: „Denn er wird sein wie ein kahler Strauch oder ein nackter Mensch, mittellos in der Wüste, und wird nicht sehen, daß Gutes kommt. Sondern er wird an dürren Stätten in der Einöde wohnen, in einem unbewohnten, salzigen Land." Ich glaube, dieser Punkt ist gut erklärt, denn viele haben Kummer und sind sehr unglücklich, weil sie versuchen, ihre Bedürfnisse bei Menschen zu stillen, obwohl nur Gott sie stillen kann.

Der „Arm des Fleisches", der in Vers 5 erwähnt wird, kann sich sowohl darauf beziehen, daß man auf sich selbst vertraut als auch auf andere. Wenn ich versuche, meine Bedürfnisse selbst zu stillen, versage ich; und wenn ich sie von anderen befriedigen lassen möchte, versagen sie. Der Herr verlangt, daß wir Ihm erlauben, unsere Bedürfnisse zu stillen. Wenn wir auf den Herrn schauen, benutzt Er oft Menschen, um unsere Bedürfnisse zu stillen. Trotzdem schauen wir auf Ihn und verlassen uns auf Ihn, nicht auf die Menschen, durch die Er wirkt. Das ist das Gleichgewicht, das Er von uns verlangt!

Vers 7 bringt uns die gute Nachricht: „[Am meisten] gesegnet ist der Mann, der an den Herrn glaubt, ihm vertraut und sich auf ihn verläßt und dessen Hoffnung und Zuversicht der Herr ist." Aus dieser Schriftstelle sehen wir, daß uns großer Segen erwartet, wenn wir Gott vertrauen und Er unsere Zuversicht ist.

Es gab Zeiten in der Vergangenheit, wo ich entmutigt und auf die Menschen in meiner Umgebung wütend war, weil sie mir nicht die Ermutigung gaben, die ich brauchte. Folglich war ich schnell beleidigt und voller Selbstmitleid, was weder meine Familie noch andere verstehen konnten. Auf diese Weise wurden meine Bedürfnisse natürlich nicht gestillt, weil ich auf Menschen schaute und nicht auf Gott.

Der Herr zeigte mir, daß ich Ihn bitten sollte, wenn ich Ermutigung brauchte. Schließlich entdeckte ich, daß Er mich mit der benötigten Ermutigung durch eine von Ihm gewählte Quelle versorgte. Ich lernte, daß ich in Beziehungen keinen Druck ausüben mußte, um zu bekommen, was nur Gott mir geben konnte.

Vers 8 sagt uns schließlich, daß derjenige, der Hoffnung und Zuversicht in den Herrn legt „sein wird wie ein Baum, der am Wasser gepflanzt ist und am Fluß seine Wurzeln ausstreckt und sich nicht fürchtet, wenn die Hitze kommt. Sein Laub wird grün sein; im Jahr der Dürre ist er unbekümmert und ohne Sorge, und er hört nicht auf, Frucht zu tragen." Dieser Vers versichert uns, daß wir, wenn wir statt dem „Arm des Fleisches" Gott vertrauen, stabil werden. Ich betone dieses Wort, weil es in unserer Erörterung sehr wichtig ist. Es kann niemals wahre Freude im Leben geben, wenn keine Stabilität vorhanden ist.

Laß dich durch diese Verse ermutigen, dein Vertrauen auf den Herrn zu setzen, nicht auf Menschen.

Erwarte nicht von anderen, deinen Nöten zu begegnen, schau auf Gott. Was immer dir Menschen auch antun, Gott kann es reparieren.

Ein Schlußgedanke zur Intimität: Gott hat uns geschaffen, damit wir uns auf vollkommene Weise aneinander erfreuen können. Insbesondere, sagt die Bibel, sollen Ehemann und Ehefrau einander genießen (Spr. 5, 18). Eine Art, wie du dich an deinem Partner erfreuen kannst, ist, die Intimität mit ihm zu genießen. Mach einen Glaubensschritt und erkenne, daß die Angst vor dem Verletztwerden dich mehr verletzt, als wenn du dich dieser Angst stellst und frei wirst. Vertraue auf Gott, was die Menschen in deinem Leben betrifft. Vielleicht kannst du nicht mit ihnen umgehen, aber Er kann es.

Beziehungen müssen ausgewogen sein

Frag dich selbst, ob du Beziehungen hast, die nicht ausgewogen sind. Gibt es jemand in deinem Leben, von dem du abhängig bist? Rennst du zum Herrn oder zum Telefon, wenn du Probleme hast? Müssen Menschen dich glücklich machen, oder tut es der Herr?

Ich erinnere mich an eine Zeit, wo ich Angstattacken hatte, daß meinem Mann etwas zustoßen könnte. Ich dachte: Was würde ich tun, wenn Dave sterben würde? Es war panikerfülltes Denken, was ungewöhnlich für mich war. Ich hatte noch nie darüber nachgedacht, was ich tun würde, wenn Dave vor mir sterben würde. Wie die meisten Frauen, die glücklich verheiratet sind, verlasse ich mich sehr auf meinen Mann. Dave ist gut zu mir, und als ich darüber nachdachte, was er alles für mich tat, geriet ich immer mehr in Panik. Da sprach der Herr ganz tief in meinem Herzen zu mir: „Joyce, wenn Dave sterben würde, würdest du mit dem weitermachen, was du jetzt tust. Nicht Dave ist es, der dich aufrechterhält und dich veranlaßt, das zu tun, was du tust, sondern Ich bin es! Deshalb vertraue Mir, wie es sich gehört. Vertraue Dave, aber verliere nicht das Gleichgewicht."

Ein letztes Beispiel, das ich dir geben möchte, betrifft eine bestimmte Freundschaft und eine kollegiale Beziehung in meinem Leben. Sexuelles Vertrauen ist nicht die einzige Art von Vertrauen, die bei verwundeten Menschen wiederhergestellt werden muß. Menschen, die mißbraucht worden sind, haben oft Schwierigkeiten, Beziehung in jeder Form aufrechtzuerhalten. Nicht nur die eheliche Beziehung ist davon betroffen. Satan versucht auch, die Verletzungen und Enttäuschungen von anderen Menschen zu benutzen, um alle ihre engen Beziehungen zu ruinieren.

Nicht nur ich, sondern auch viele andere auf der ganzen Welt wurden in ihren frühen Kindheitsjahren zu Hause mißbraucht. Auch als ich der Situation entkommen war, konnte man mich immer noch sehr leicht verletzen – fast jeder, mit dem ich zusammentraf, schaffte das. Als ich schließlich Mitglied in der Gemeinde wurde, dachte ich, daß mich dort sicherlich niemand verletzen würde. Ich stellte jedoch schnell fest, daß der Schmerz nicht aufhörte, nur weil ich jetzt in einer Gemeinde war. Er wurde in manchen Momenten sogar schlimmer. Das Ergebnis für mich war, daß ich keinen Männern vertraute, weil es ein Mann gewesen war, der mich verletzt hatte, was später auch mein eheliches Intimleben beeinträchtigte. Ich war auch von Freunden und Verwandten mehrmals schwer verletzt worden, und deshalb hatte ich Angst davor, irgend jemandem zu vertrauen.

Als die Jahre vergingen, und Dave und ich im vollzeitlichen Dienst waren, wollte ein Ehepaar für uns arbeiten, das zweifellos vom Herrn gesandt war. Sie waren und sind vom Herrn gesalbt, „Waffenträger" für uns zu sein. Das bedeutet, daß sie regelmäßig für uns beten; sie arbeiten eng mit uns zusammen und stehen immer zur Verfügung, wenn irgend etwas getan werden muß. Sie unterstützen uns sehr und machen unser Leben um vieles leichter.

Die Reichweite unseres Dienstes wäre bei weitem nicht dieselbe, wenn wir nicht dieses wunderbare Paar, oder jemanden wie sie, hätten, um uns zu helfen. Wegen der jahrelangen Verletzungen, die mir zugefügt worden waren, dauerte es lange, bis ich mich ihnen öffnete, aber nach einiger Zeit vertraute ich diesen Menschen völlig und verließ mich sehr stark auf sie.

Eines Tages las ich eine Schriftstelle, in der der Psalmist einen guten Freund erwähnte, der seine Ferse gegen ihn erhob (Ps. 41, 10). Ich wußte, daß dieser Vers mir galt, und fragte mich, vor wem der Herr mich warnte. Ich spürte, Er wollte mir etwas zeigen, weil ich auf übernatürliche Weise immer wieder auf diese Schriftstelle stieß. Ich fragte mich, ob Er mir zeigen wollte, daß dieses Paar mich verletzen würde.

Schließlich sprach der Herr klar genug zu mir, daß ich verstand, daß Er mich nur davor warnte, meine Beziehung zu diesem Paar aus dem Gleichgewicht geraten zu lassen. Er lehrte mich, daß wir eine enge Beziehung haben, jahrelang die Treue und Loyalität im Dienst ge-

Schönheit statt Asche

nießen und gute Frucht für sein Reich bringen konnten. Doch Er warnte mich davor, nicht das Vertrauen, das Ihm gehörte, in sie zu setzen. Er ließ mich wissen, daß Er diese Menschen in mein Leben gebracht hatte und sie auch wieder wegnehmen konnte, wenn ich sie – und nicht Ihn – als Quelle der Hilfe betrachtete.

Auch Vertrauen in einer guten Freundschaft ist biblisch, aber sie darf nicht aus dem Gleichgewicht geraten. Denke an David und Jonathan. Die Bibel sagt, daß ihre Seelen verbunden waren (1. Sam. 18, 1). Sie halfen einander und hatten ein Bündnis miteinander geschlossen. Gute Freundschaften sind sehr wichtig, Ausgewogenheit aber auch. Warum betone ich immer wieder, wie wichtig Ausgewogenheit ist? Der Apostel Petrus sagt: „Seid ausgeglichen – maßvoll, nüchtern; seid allezeit wachsam und vorsichtig, denn euer Feind, der Teufel, geht umher wie ein brüllender Löwe [mit großem Hunger] und sucht jemanden, den er packen und verschlingen kann" (1. Petr. 5, 8; *Amplified*). Bleib im Gleichgewicht, dann kann der Teufel weder dich noch deine Beziehungen verschlingen!

19
Endlich frei!

Der Weg zur Freiheit ist nicht unbedingt einfach. Es ist jedoch deutlich einfacher, sich in Richtung Freiheit zu bewegen, als in der Gebundenheit zu bleiben.

Da nun Christus [für uns, für dich] im Fleisch gelitten hat, so wappnet auch ihr euch mit derselben Gesinnung und zum selben Zweck [lieber geduldig ertragend, als Gott nicht zu gefallen], denn wer im Fleisch gelitten hat [den Sinn Christi hat], hat mit der [bewußten] Sünde – sich selbst und der Welt zu gefallen abgeschlossen und bemüht sich, Gott zu gefallen. So kann er den Rest seines irdischen Lebens nicht mehr nach den [seinen] menschlichen Begierden und Verlangen, sondern nach dem Willen Gottes leben.

1. Petrus 4, 1-2 (*Amplified*)

Das sorgfältige Studium dieser Schriftstelle zeigt auf, daß wir uns mit entsprechenden Gedanken rüsten müssen, wie: Ich möchte lieber mit Christus leiden, weil ich dann richtig handle, als in der Sünde gebunden zu bleiben.

Die richtige Denkweise zu haben ist entscheidend, wenn man siegen will. Als ich erkannte, daß Jesus mich freisetzen konnte und wollte, wollte ich in diese Freiheit eintreten, aber ich hatte die Einstellung: Ich will nicht mehr leiden, ich habe genug gelitten, und ich werde mich nichts mehr unterwerfen, das diesem emotionalen Schmerz auch nur im Entferntesten ähnelt. Der Heilige Geist führte mich zu Textstellen wie dieser, die mir zu der Erkenntnis verhalfen, daß ich eine falsche Denkweise hatte und mein Denken ändern mußte.

Also dachte ich: Ich möchte nicht mehr leiden, aber ich werde lieber leiden, als in der Gebundenheit zu bleiben. Solange ich gebunden bin, leide ich sowieso, doch dieses Leiden hat kein Ende. Wenn ich zulasse, daß Jesus mich durch das, was immer ich durchmachen muß, hindurchführt, damit ich am Ende frei bin, mag es eben eine Weile schmerzen. Aber dieses Leiden führt zum Sieg, zu einem neuen Leben, das frei ist von seelischem Schmerz.

Ein gutes Beispiel ist körperliche Fitneß. Wenn mein Körper aufgrund von schlechten Eßgewohnheiten und mangelnder Bewegung aus der Form geraten ist, leide ich, weil ich mich ständig müde und unwohl fühle. Solange ich nichts für meine Kondition tue, setzt sich dieses Leiden täglich fort. Wenn ich wieder fit werden will, muß ich trainieren und mich gesund ernähren.

Vielleicht habe ich eine Zeitlang Muskelkater. Mein Körper erleidet vielleicht einen Schock, wenn ich ihm bestimmte Nahrungsmittel nicht mehr gebe, an die er sich gewöhnt hat. Das ist eine Art von Leiden. Ich muß einen Teil meiner Zeit anders verbringen, was eine andere Art von Leiden ist, weil ich eine vernünftige und keine gefühlsorientierte Entscheidung treffen muß.

Wir sehen anhand dieses Beispiels, daß ein Mensch, um von der Belastung durch einen untrainierten Körper frei zu werden, auf andere Weise leiden muß. Doch diese Art von Leiden führt zum Sieg und setzt letztendlich dem ursprünglichen Leiden ein Ende.

Richtiges und falsches Leiden

Um so mehr – laßt uns jetzt auch noch voller Freude sein! Laßt uns jubeln und triumphieren in unseren Bedrängnissen, da wir wissen, daß Druck und Betrübnis und Mühsal geduldiges und unerschütterliches Ausharren hervorbringt. Und Ausharren (Tapferkeit) entwickelt Charakterstärke – das ist bewährter Glaube und erprobte Integrität. Und Charakter [dieser Art] schafft [als Gewohnheit] freudige und zuversichtliche Hoffnung auf ewige Rettung. Solche Hoffnung enttäuscht oder täuscht oder beschämt uns nie, denn Gottes Liebe ist durch den Heiligen Geist, der uns gegeben worden ist, in unsere Herzen ausgegossen worden.
Römer 5, 3-5 (*Amplified*)

Viele Menschen haben keine Freude am Leben, weil sie eine falsche Denkweise haben. Wenn wir über diese Schriftstelle nachdenken, wird uns klar, daß wir uns im Glauben dafür entscheiden müssen, uns zu freuen, während wir durch schwierige Zeiten gehen. Wir wissen nämlich, daß unser „richtiges Leiden" ein gutes Ende – in diesem Fall einen reifen Charakter – haben wird, weil Gott uns liebt. Reife beinhaltet immer Stabilität. Ohne Stabilität werden wir nie wahren Frieden und echte Freude besitzen.

Es gibt ein „richtiges Leiden" und ein „falsches Leiden". Der Apostel Petrus ermutigte seine Mitmenschen, sicher zu stellen, daß sie nicht litten, weil sie falsch gehandelt hatten, sondern um der Gerechtigkeit willen. Im 1. Petrus 3, 14 sagt er: „Aber wenn ihr auch leiden sollt um der Gerechtigkeit willen, glückselig seid ihr."

In Vers 16 ermahnt er uns, so zu leben, daß unser Gewissen völlig rein ist, und in Vers 17 sagt er: „Denn es ist besser, wenn der Wille Gottes es will, für Gutestun [ungerechtfertigt] zu leiden als für Bösestun [gerechtfertigt]" (*Amplified* in Klammern).

Das ist ein wichtiges Thema, denn viele Menschen erfahren niemals die Freude der Freiheit, weil sie eine falsche Denkweise haben, was Leiden betrifft. Nun hast du vielleicht irgendwann in deinem christlichen Leben gehört, daß Jesus dich von all deiner Pein freisetzen möchte, und das ist wahr – Er tut es. Trotzdem will Er dich umformen, und eine Umwandlung ist niemals einfach!

Bei einer Geburt ist der schwierigste Teil das Hervorbringen des Kindes. Ich erlitt dreiunddreißig Jahre meines Lebens tiefen Schmerz. Als ich schließlich begriff, daß Jesus mich von diesem Leid befreien wollte, trat ich in die Umwandlung ein. Ich wurde verändert, umgestaltet in seine ursprüngliche Vorstellung von mir, bevor ich durch die Welt verdorben wurde. Ich litt noch einige Jahre, aber auf eine andere Art. Es war kein hoffnungsloses Leiden, sondern ein Leiden, das tatsächlich Hoffnung weckte, weil ich während dieser Übergangsphase Veränderungen bemerkte.

Es waren nicht immer große Veränderungen, aber der Herr bewahrte mich immer davor aufzugeben. Immer, wenn ich dachte, ich könnte den Schmerz nicht länger ertragen, beschenkte Er mich mit einem besonderen Segen, der mich wissen ließ, daß Er immer bei mir war und mich im Auge behielt.

Schönheit statt Asche

Das Feuer des Schmelzers

Wer aber kann den Tag seines Kommens ertragen, und wer wird bestehen bei seinem Erscheinen? Denn er wird wie das Feuer eines Schmelzers und wie das Laugensalz von Wäschern sein. Und er wird sitzen und das Silber schmelzen und reinigen, und er wird die Söhne Levi reinigen und sie läutern wie Gold und wie Silber, so daß sie Männer werden, die dem Herrn Opfergaben in Gerechtigkeit darbringen.

Maleachi 3, 2-3

Wenn du die Bedeutung dieser Verse verstehst, bringen sie starken Trost. Ich möchte dir eine Geschichte erzählen, die Licht auf diese Passage wirft:

Irgendwo In Europa ging ein Mann zu einem Goldschmied, wo er einige Stücke fand, die er kaufen wollte. Während der ganzen Zeit, die er im Laden verbrachte, war der Inhaber nicht zu sehen. Um seinen Einkauf zu tätigen, suchte er nach dem Eigentümer und bemerkte an der Hinterseite des Ladens eine offene Tür, die nach draußen führte. Als er im Gang stand, sah er den Besitzer (den Goldschmied) an einem Feuerofen sitzen, auf dem ein großer Topf stand. Er wandte seinen Blick nicht von dem siedenden Topf ab, obwohl der interessierte Käufer versuchte, mit ihm über den Kauf einiger seiner Waren zu sprechen.

Der Kunde fragte, ob der Goldschmied seine Arbeit nicht für eine kurze Weile unterbrechen und hereinkommen könne, um sich um den Verkauf zu kümmern. Doch der Goldschmied erwiderte: „Nein." Er sagte, daß er das Metall in dem Topf nicht unbeobachtet lassen könne, auch nicht für eine Minute und erklärte: „Es ist sehr wichtig, daß dieses Metall nicht erhärtet, bevor alle Unreinheiten entfernt sind. Ich will, daß es pures Gold wird. Wenn das Feuer zu heiß wird, könnte es das Gold ruinieren, und wenn es zu kalt wird, könnte das Gold mit allen Unreinheiten darin hart werden."

Er sagte, daß er weder weggehen noch es aus den Augen lassen könne. Er müsse sitzen bleiben, bis es vollständig fertig sei. Der Kunde fragte, wann das sein würde, und der Goldschmied antwortete: „Ich weiß, daß es fertig ist, wenn ich im Metall mein Spiegelbild klar erkennen kann."

Endlich frei!

Ich finde diese Geschichte deshalb so schön, denn sie hilft mir zu verstehen, daß Gott immer über mein Leben wacht. Er beobachtet die Prüfungen, die auf mich zukommen und sorgt dafür, daß sie nicht zu schwer werden. Aber Er sorgt auch dafür, daß genug Druck da ist, damit sein Werk in mir getan wird.

In 1. Korinther 10, 13 sagt Paulus, daß Gott nicht zuläßt, daß wir über unser Vermögen versucht werden, sondern mit jeder Versuchung auch den Ausweg schafft. Wir können Gott vertrauen, daß Er nicht von uns erwartet, Leistungen zu erbringen, die unsere Fähigkeiten übersteigen.

Glaube mir, Gott weiß besser als du, wieviel du ertragen kannst. Vertraue Ihm, und Er wird dich durch den Leuterungsprozeß führen, damit du rein wie Gold daraus hervorgehst.

Jage auf das Ziel zu!

Nicht, daß ich es [das Ideal] schon ergriffen habe oder schon vollendet bin; ich jage ihm aber nach, ob ich es auch ergreifen möge, weil ich auch von Christus Jesus ergriffen bin.

Philipper 3, 12

In seinen Schriften vergleicht Paulus das christliche Leben oft mit einem Rennen (1. Kor. 9, 24-27). Vertraue dem Herrn, und Er wird dich bis zur Ziellinie bringen. Geh entschlossen voraus, und ergreife das, was Christus für dich ergriffen hat. Er hat dich ergriffen, um dich zu retten.

Deine Erlösung beinhaltet vieles – nicht nur einen Platz im Himmel, wenn du stirbst. Deine ewige Erlösung begann an dem Tag, als du von neuem geboren wurdest, und sie wird nie enden. Gott hat dich ergriffen, um dir wiederzugeben, was der Feind dir gestohlen hat, aber du mußt dazu entschlossen sein, es zurückzubekommen.

Sei nicht passiv und erwarte nicht, daß dir der Sieg in den Schoß fällt. Er kommt durch Gottes Gnade und nicht durch deine Taten, aber wir müssen jeden Schritt des Weges aktiv mit dem Heiligen Geist zusammenarbeiten.

Schönheit statt Asche

In seinem Buch *The Great Lover's Manifesto*[1] zeigt Dave Grant auf, daß wir nie wachsen, wenn uns alles leichtfällt. Wir altern, ohne uns anzustrengen. Wir Menschen sind im wesentlichen faul und suchen immer nach dem einfachsten Weg, deshalb brauchen wir etwas Druck, um uns zu strecken und zu wachsen. Wir werden nicht wachsen, bis wir akzeptieren, daß es uns zugute kommt, wenn wir uns anstrengen, und daß dieser Kampf gut ist, weil wir dadurch beweglich und lebendig bleiben. Paulus sagte, daß er vorwärtsdrängte. Diese Aussage deutet auf Spannung und Anstrengung hin; sie läßt anklingen, daß es nicht einfach ist, als Christ zu leben.

In seinem Buch erzählt Grant folgende Geschichte: „Einige Bienen wurde auf einen Flug ins All mitgenommen. Man wollte sehen, wie sie mit der Schwerelosigkeit umgehen würden. In der schwerelosen Atmosphäre konnten sie ohne Anstrengung im All schweben. Der Bericht über dieses Experiment wurde mit den Worten zusammengefaßt: *„Sie haben es genossen, aber sie sind gestorben."* Ich stimme zu 100 Prozent mit Herrn Grant überein, daß wir selten in etwas Lohnendes *hineingleiten*.

Bleibe zäh in harten Zeiten

Obwohl der Feigenbaum nicht blüht, und an den Reben keine Frucht ist; [obwohl] der Ölbaum seine Leistung versagt, und die Felder keine Nahrung hervorbringen; obwohl die Schafe aus dem Pferch verschwunden sind, und kein Rind in den Ställen ist; trotzdem will ich mich im Herrn freuen, will jubeln über den [siegreichen] Gott meiner Errettung. Der Herr Gott ist meine Stärke, meine persönliche Tapferkeit und meine unbesiegbare Armee. Er macht meine Füße den Hirschen gleich, und über meine Höhen läßt er mich schreiten [nicht im Schrecken stillstehen, sondern weitergehen] und mich in meinen harten Zeiten [in Bedrängis, Leiden oder Verantwortung geistliche] Fortschritte machen.

Habakuk 3, 17-19 (*Amplified*)

---

[1] *The Great Lover's Manifesto*, copyright © 1986 by Harvest House Publishers, Eugene, Oregon 97402, ISBN 0-89081-481-3, S. 13.

Der Prophet Habakuk aus dem Alten Testament sprach von harten Zeiten, die er „meine Höhen" nannte und stellte fest, daß Gott seine Beine „den Hirschen gleich" gemacht hatte, um diese schweren Zeiten zu überwinden.

Das Wort, das hier mit Hirsch übersetzt wurde, bezieht sich auf eine Hirschart, die flink im Klettern in den Bergen ist. Sie kann sogar da noch problemlos klettern, wo für uns nur noch eine Felswand, ist und springt mit Leichtigkeit von einem Felsvorsprung zum nächsten.

Es ist Gottes Wille für uns, daß wir weder eingeschüchtert noch ängstlich sind, wenn wir in Bedrängnis geraten.

Um siegreich zu sein, müssen wir bis zu einem Grad wachsen, wo wir keine Angst mehr vor harten Zeiten haben, sondern sie als Herausforderung betrachten. In diesen Versen verweist die Erweiterte Übersetzung der Bibel auf diese Höhen als „Probleme, Leiden oder Verantwortung", weil wir während dieser Zeiten wachsen.

Wenn du auf dein Leben zurückblickst, wirst du sehen, daß du während einfacher Zeiten nie wächst; du wächst in den schweren Zeiten. Während der leichten Zeiten kannst du genießen, was du in den schweren Zeiten gewonnen hast. Das ist ein Lebensprinzip; so und nicht anders funktioniert es. Du arbeitest die ganze Woche über, dann bekommst du deinen Lohn und genießt dein Wochenende. Du trainierst deinen Körper, ernährst dich gesund und paßt gut auf dich auf, dann bist du gesund. Du putzt dein Haus, den Keller oder die Garage, und dann freust du dich jedes Mal, wenn du durch deine ordentliche, saubere Umgebung gehst.

Das erinnert mich an Hebräer 12, 11: „Alle Züchtigung scheint uns zwar für die Gegenwart nicht Freude, sondern Traurigkeit zu sein; nachher aber gibt sie denen, die durch sie geübt sind, die friedvolle Frucht der Gerechtigkeit ..."

Der Mensch, der Gott aus Liebe dient, tut, was richtig ist, weil es richtig ist. Er tut es nicht, um etwas Gutes zu bekommen, obwohl er am Ende den Segen haben wird. Strebe danach, heil zu sein, um den Herrn zu verherrlichen, dann wirst du dich schließlich darüber freuen können, daß du selbst herrlich bist!

20
Mauern oder Brücken?

Mauern repräsentieren Schutz. Wir haben alle die Neigung, Mauern aufzubauen, um uns selbst vor Verletzungen zu schützen. Wie ich schon mehrmals erwähnt habe, werde ich von meinem Mann manchmal verletzt, obwohl er ein sehr netter und wunderbarer Ehemann ist. Ich habe erkannt, daß ich, immer wenn das geschieht, eine Mauer errichte – geistlich gesehen – , hinter der ich mich verstecke und die ihn von mir fernhält.

Doch eines hat der Heilige Geist mich gelehrt: Wenn wir Mauern aufbauen, können andere zwar nicht an uns heran, doch andererseits können wir auch nicht hinaus. Viele Menschen leben ein einsames, isoliertes Leben, weil sie Mauern errichtet haben, um sich zu schützen. Und eben diese Mauern werden zu ihrem eigenen Gefängnis, und die Betreffenden sind in ihrer eigenen Bitterkeit und Einsamkeit eingekerkert.

Die Mauern, die wir errichten, sollen uns davor bewahren, emotionalen Schmerz zu erfahren, aber wir sind nicht fähig zu lieben, wenn wir nicht in Kauf nehmen wollen, daß wir verletzt werden.

Wenn du dein Leben darauf konzentrierst, Schmerz zu vermeiden, wirst du häufiger verletzt werden, als wenn du ganz normal lebst und die Dinge nimmst, wie sie kommen. Jesus ist der Heiler, und Er wird immer da sein, um dir in schmerzhaften Situationen Trost zu spenden.

Ich glaube, der Herr möchte, daß ich dich gerade jetzt ermutige, einen Glaubensschritt zu tun und deine selbsterrichteten Mauern niederzureißen. Der Gedanke mag dich ängstigen, besonders dann, wenn du dich schon lange hinter ihnen verschanzt hast. Ich denke gerne an die Mauern von Jericho. In Hebräer 11, 30 heißt es, daß die Mauern „durch Glauben" fallen. Auch ich muß jedes Mal einen Glaubensschritt gehen, wenn Jesus mir zeigt, daß ich Mauern aufgebaut habe. Ich muß mich dafür entscheiden, meinen Glauben auf Ihn als meinen Beschützer zu richten, statt mich selbst zu schützen.

Schönheit statt Asche

Es gibt mehrere Schriftstellen in der Bibel, die Gottes Schutz verheißen. Jesaja 60, 18 ist eine, die mir hilft: „Nicht mehr wird man von Gewalttat hören in deinem Land, von Verwüstung und Zusammenbruch in deinen Grenzen; sondern deine Mauern wirst du Rettung nennen und deine Tore Ruhm."

Daraus schließe ich, daß die Rettung durch Jesus Christus zu einer Schutzmauer für mich wird. Von dem Moment an, wo ich mich Ihm hingebe, übernimmt Er es, mich zu schützen. Um den Segen in mein Leben zu bringen, muß ich glauben, daß Er über mich wacht. Solange ich den Schutz des Herrn ablehne und versuche, mich selbst zu schützen, lebe ich weiterhin in Knechtschaft und Elend.

Eine andere wunderbare Schriftstelle bezüglich Gottes Schutz ist Jesaja 30, 18 (*Amplified*): „Und darum wartet – erwartet, sucht und sehnt sich – der Herr [ernsthaft] darauf, euch gnädig zu sein, und darum erhebt er sich, daß er dir Gnade und Fürsorge zeigen kann. Denn der Herr ist ein Gott des Rechts. Gesegnet – glücklich, zufrieden [beneidet darum] sind alle, die auf ihn [ernsthaft] harren, ihn erwarten, ihn suchen und sich nach ihm sehnen [nach seinem Sieg, seiner Gunst, seiner Liebe, seinem Frieden, seiner Freude und seiner unvergleichlichen, ungeteilten Freundschaft]!"

Wenn man diese Verse sorgfältig studiert, erkennt man Gott als jemanden, der buchstäblich auf eine Gelegenheit wartet, wo Er gut zu uns sein und Gerechtigkeit in unser Leben bringen kann. Trotzdem kann Er das nur für die tun, die es von Ihm erwarten. Bemühe dich nicht länger darum, dich selbst zu schützen, sondern erlaube Gott und erwarte von Ihm, daß Er dich beschützt!

Laß Gott Gott sein.

Wenn du durch den Glauben in diesen göttlichen Bereich eintrittst, kann ich dir nicht versprechen, daß du nie wieder verletzt werden wirst, aber ich kann dir versprechen, daß Gott ein „Gott des Rechts" ist, der letztendlich alles ins Gleichgewicht bringen und dich dafür belohnen wird, daß du seinen Weg gewählt hast.

Jeder, der sich entschlossen hat, auf Gottes Weise mit seinen Problemen und schmerzvollen Situationen umzugehen, ist für große Dinge bestimmt.

Mauern oder Brücken?

Wie geschrieben steht: „… werden wir getötet den ganzen Tag; wie Schlachtschafe sind wir gerechnet worden." Aber in diesem allen sind wir mehr als Überwinder durch den, der uns geliebt hat.

Römer 8, 36-37

Wie können wir einerseits mehr als Überwinder sein und andererseits als Schlachtschafe bezeichnet werden? Die Antwort ist einfach: Wenn es so scheint, als ob wir ausgenutzt werden und der Herr uns nicht befreit, sind wir mehr als Überwinder, weil wir „mitten in der Not" wissen, daß unser Gott uns niemals verlassen oder aufgeben wird und daß unsere Befreiung und unsere Belohnung exakt zum richtigen Zeitpunkt kommen werden.

Brücken statt Mauern

Ich habe gelernt, statt Mauern Brücken zu bauen.

Als ich eines Tages betete, zeigte mir der Heilige Geist, daß mein Leben zu einer Brücke für andere geworden war, die darübergingen und ihren Platz bei Gott fanden. Viele Jahre lang hatte ich nur Mauern in meinem Leben errichtet, aber jetzt waren an dieser Stelle Brücken. All die Schwierigkeiten und Ungerechtigkeiten, die mir widerfahren waren, sind in Straßen umgewandelt worden, über die andere nun gehen können, um dieselbe Freiheit zu finden, die ich fand.

Wie ich im ersten Kapitel dieses Buches bereits festgestellt habe, sieht Gott die Person nicht an (Apg. 10, 34). Was Er für den einen tut, tut Er auch für den anderen, solange seine Regeln eingehalten werden. Wenn du die Anweisungen befolgst, die auf diesen Seiten aufgezeigt worden sind, wirst du dieselbe Freiheit entdecken, die ich gefunden habe. Dann kannst du eine Brücke für andere werden, über die sie gehen können, statt einer Mauer, die sie ausschließt.

In Hebräer 5, 9 (*Amplified*) wird Jesus als „der Urheber und die Quelle ewigen Heils" bezeichnet. Er bahnte für uns einen Weg zu Gott, damit wir durch Ihn zu Gott gelangen können. Vergleichsweise könnte man sagen, Er ist durch einen riesigen Wald gegangen und hat durch das Dickicht einen Weg geschlagen, damit wir direkt hindurchgehen können, ohne uns durch das Unterholz kämpfen zu müssen. Er opferte sich selbst für uns, und nachdem wir sein Opfer angenommen haben, gibt Er uns die Möglichkeit, uns für andere zu opfern, damit sie an diesem Segen ebenfalls Anteil haben können.

In Hebräer 12, 2 heißt es, daß Jesus das Kreuz erduldete, um die vor Ihm liegende Freude zu erleben. Ich erinnere mich gern an diese Tatsache, wenn etwas hart für mich ist. In solchen Fällen sage ich mir: „Mach weiter, Joyce, am Ende wartet Freude."

Triff die Entscheidung, deine Mauern niederzureißen und Brücken zu bauen. Es gibt sehr viele Menschen, die in ihrem Elend untergehen, wenn nicht jemand vor ihnen hergeht und ihnen den Weg zeigt. Warum willst nicht du diese Person für sie sein?

Mauern oder Brücken?

Die Entscheidung liegt bei dir!

Nicht Asche, sondern Schönheit als Kopfschmuck

Der Geist des Herrn, Herrn ist auf mir; denn der Herr hat mich gesalbt und befähigt, das Evangelium der guten Botschaft den Sanftmütigen, Armen und Elenden zu predigen. Er hat mich gesandt, zu verbinden und zu heilen die gebrochenen Herzens sind; Freiheit auszurufen den [körperlich und geistig] Gefangenen und Öffnung des Gefängnisses den Gebundenen ... das Gnadenjahr des Herrn – das Jahr seiner Gunst – auszurufen und den Tag der Rache unseres Gottes; zu trösten alle Trauernden; den Trauernden in Zion [Trost und Freude zu] gewähren, ihnen einen Schmuck – einen Kranz oder ein Stirnband – der Schönheit statt Asche zu geben; das Freudenöl statt Trauer, ein [ausdrucksstarkes] Lobpreisgewand statt eines niedergedrückten, belasteten und verzagten Geistes ...

Jesaja 61, 1-3 (*Amplified*)

Der Herr möchte nicht nur deine Mauern in Brücken verwandeln, sondern, wie Er in Jesaja 61, 3 verspricht, möchte Er dir auch „statt Asche Schönheit als Kopfschmuck" geben.

Die Verheißungen in Jesaja 61 sind sehr vielfältig. Lies sie, und entscheide dich dafür, auch nicht eine davon zu verpassen. Ich werde mit dir übereinstimmen, denn ich bete, daß jeder, der dieses Buch liest, die Verheißungen erlangt.

Gott hat seinen Teil getan, indem Er uns Jesus gab. Ich habe meinen Teil getan, indem ich nach dem Wort Gottes gehandelt, Freiheit erhalten und dieses Buch geschrieben habe, um dir zu helfen. Jetzt mußt du deinen Teil tun und die Entscheidung treffen, daß du niemals aufgibst, bis du Ihm erlaubt hast,

deine Wunden zu verbinden;

dein gebrochenes Herz zu heilen;

dich in jedem Bereich deines Lebens zu befreien;

deine Gefängnistür zu öffnen;

dir Freude statt Trauer zu geben,

ein Lobpreisgewand statt eines niedergedrückten, belasteten und verzagten Geistes;

und

Schönheit als Kopfschmuck statt Asche.

Ein wunderbarer Schluß

Als ich das Manuskript für dieses Buch Korrektur las, wirkte Gott in mächtiger Weise und brachte Befreiung und Heilung in die Beziehung zwischen meinem Vater und mir. Sicherlich ist es kein Zufall, daß das Ende der Geschichte rechtzeitig kam, so daß ich es in dieses Buch mit aufnehmen konnte.

Obwohl ich meinem Vater vergeben hatte, war unsere Beziehung immer noch angespannt und unangenehm. Er war nie in der Lage, die volle Verantwortung für seine Taten zu übernehmen und sich damit auseinanderzusetzen, wie verheerend sich sein Verhalten auf mein Leben ausgewirkt hatte. Jahrelang versuchte ich mein Bestes, um eine angenehme Beziehung zu meinen Eltern herzustellen, aber es war eine ständige Herausforderung.

Ich versuchte zweimal meine Eltern mit dem Thema zu konfrontieren, aber beide Versuche scheiterten. Jede Konfrontation beschwor eine Menge Ärger, Aufregung und Anklagen herauf, ohne ein befriedigendes Ergebnis zu erzielen. Schließlich wurde die Tür geöffnet, und Gott arbeitete im Verborgenen, hinter den Kulissen, gerade als es den Anschein hatte, als ob sich nie etwas ändern würde.

Während des letzten Jahres sprach Gott regelmäßig mit mir über das biblische Gebot: „Du sollst Vater und Mutter ehren" (2. Mo. 20, 12). Ich muß wahrheitsgemäß sagen, daß ich, obwohl ich es wollte und wünschte, verwirrt war und nicht wußte, wie ich dieses Gebot in die Tat umsetzen sollte. Ich besuchte meine Eltern, rief sie an, betete für sie und brachte ihnen Geschenke, aber der Herr ermahnte mich nach wie vor: „Du sollst Vater und Mutter ehren." Ich wußte, Er versuchte mir etwas zu zeigen, aber ich konnte nicht begreifen, was es war.

Als ich eines Abends schließlich wieder hörte: „Du sollst Vater und Mutter ehren", sagte ich dem Herrn, daß ich alles für sie getan hatte, was mir eingefallen war, und ich nicht wußte, was Er noch von mir wollte. Dann hörte ich Ihn sagen: „Ehre sie in deinem Herzen", worauf ich antwortete: „Wofür kann ich sie ehren?" Er zeigte mir, daß ich sie in meinem Herzen dafür ehren und schätzen konnte, daß sie mir mein Leben gegeben hatten, daß sie mich ernährt und gekleidet und mich zur Schule geschickt hatten.

Ich hatte viele äußerliche Dinge für sie „getan", aber Gott sieht in das Herz. Ich fand es schwierig, zärtliche Gefühle und Dankbarkeit zu empfinden, wo ich doch nur schmerzhafte Erinnerungen hatte. Nachdem ich dasselbe ein Jahr lang vom Herrn gehört hatte, wußte ich jedoch, daß es wichtig war, also gehorchte ich seiner Aufforderung.

Ich betete: „Danke, Gott, für meine Eltern und dafür, daß sie mir mein Leben geschenkt haben. Sie haben mich auf die Welt gebracht; haben mich ernährt, gekleidet und mich zur Schule geschickt, und ich ehre sie für das, was sie getan haben."

Ich hatte verstanden, was Gott mir sagen wollte, und in diesem Moment schätzte ich die Rolle aufrichtig, die meine Eltern in meinem Leben gespielt hatten.

Ungefähr eine Woche später kam das Thema unseres kürzlich veröffentlichten nationalen Fernsehprogramms *Life In The Word* auf. Ich erfuhr, daß einige meiner Familienangehörigen die Sendung gesehen hatten, und meine Eltern sie sich nun auch ansehen wollten. Mein Vater und meine Mutter fragten mich, auf welchem Kanal das Programm lief, und mir wurde klar, ich mußte ihnen sagen, daß ich in dieser Sendung Zeugnis über den Mißbrauch in meiner Kindheit gab, weil Gott mich dazu berufen hatte, Menschen zu helfen, die ebenfalls mißbraucht und mißhandelt wurden.

Ich konnte mir nicht vorstellen, was geschehen würde, wenn sie mich im Fernsehen sagen hörten: „Ich wurde als Kind mißbraucht." Ich wollte sie nicht verletzen. Ich fühlte mich schrecklich, aber was sollte ich tun? Ich wußte, daß Menschen es einfach fanden, mit mir zu sprechen, weil ich so offen über meine Vergangenheit rede. Ich betete viel und berief dann eine Familienkonferenz mit meinem Mann Dave und unseren Kindern ein.

Wir beschlossen, daß ich dem Willen Gottes für mein Leben folgen mußte, selbst wenn meine Eltern erfuhren, was ich tat, und die Konsequenz davon sein würde, daß die oberflächliche Beziehung zerstört werden würde, die noch zwischen uns bestand.

Wir besuchten sie, und ich sagte ihnen die Wahrheit. Ich erklärte ihnen, daß ich es nicht tat, um sie zu verletzen, aber keine andere Wahl hatte, wenn ich den Menschen helfen wollte, für die Gott mich beauftragt hatte.

Dann erlebte ich die wunderwirkende Kraft Gottes!

Mein Vater und meine Mutter saßen da und hörten ruhig zu. Sie zeigten keinerlei Verärgerung; es gab keine Anklagen, kein Weglaufen vor der Wahrheit.

Mein Vater sagte dann Dave und mir, wie sehr ihm leid tat, was er mir angetan hatte. Er sagte, daß Gott wußte, daß es ihm leid tat, und wenn es eine Möglichkeit gäbe, es rückgängig zu machen, würde er sie nutzen. Er erklärte mir, wie er kontrolliert worden war und sich nicht zurückhalten konnte. Er sei selbst als Kind mißbraucht worden, und aufgrund dessen, was er erlebt und an was er sich gewöhnt hatte, habe er gehandelt.

Außerdem sagte er, daß er mehrere Fernsehsendungen über Mißbrauch gesehen hatte und ihm klar geworden war, wie verheerend sexueller Mißbrauch tatsächlich ist.

Er beteuerte, er wollte mir geben, was immer ich brauchte, und ich sollte mir keine Gedanken darüber machen. Er wollte eine Beziehung zu mir aufbauen und versuchen, mein Vater und mein Freund zu sein.

Meine Mutter geriet natürlich außer sich vor Freude bei dem Gedanken, eine tiefe Beziehung zu ihrer Tochter, ihren Enkeln und Urenkeln haben zu können.

Mein Mann, Dave, sagte meinem Vater, daß dies einer der größten Tage seines Lebens sei! Dasselbe gilt für mich – ich kneife mich immer noch, um zu sehen, ob ich träume oder wach bin.

Gott ist treu! Laß deine Träume groß ausfallen, und gib die Hoffnung nie auf!

Über den Autor

Joyce Meyer lehrt Gottes Wort seit 1976 und ist seit 1980 im vollzeitlichen Dienst. Als Co-Pastorin lehrte sie im *Life Christian Center* in St. Louis, Missouri, wo sie ein wöchentliches Treffen entwickelte und koordinierte, das bekannt war als *Life In The Word*. Nach über fünf Jahren wurde sie vom Herrn berufen, ihren eigenen Dienst zu gründen und ihn *Life In The Word, Inc.* zu nennen.

Joyces *Life In The Word*-Sendungen in Radio und Fernsehen werden überall in den Vereinigten Staaten und auf der ganzen Welt gehört und gesehen. Ihre Lehrkassetten sind international erhältlich. Sie reist viel und hält im Rahmen von *Life In The Word* Konferenzen ab.

Joyce und ihr Mann, Dave, der Verwalter bei *Life In The Word* ist, sind seit mehr als zweiunddreißig Jahren verheiratet und haben vier Kinder. Sie alle sind ebenfalls verheiratet und arbeiten zusammen mit ihren Ehepartnern bei Dave und Joyce in ihrem Dienst. Joyce und Dave leben in Fenton, Missouri, einem Vorort von St. Louis.

Joyce glaubt, daß es ihre Berufung ist, Gläubige in Gottes Wort auszubilden. Sie sagt: „Jesus starb, um Gefangene zu befreien, und viel zu viele Christen haben nur geringen oder gar keinen Sieg in ihrem täglichen Leben." Da sie vor vielen Jahren in derselben Situation war und ihre Freiheit, im Sieg zu leben, gefunden hat, indem sie Gottes Wort anwendete, ist Joyce in der Lage, Gebundene freizusetzen und *Asche in Schönheit* zu verwandeln.

Joyce hat im ganzen Land über emotionale Heilung und ähnliche Themen gelehrt und Tausenden von Menschen geholfen. Sie hat über 180 verschiedene Kassettenalben aufgenommen und 33 Bücher geschrieben, um den Gliedern des Leibes Christi in zahlreichen Bereichen zu helfen.

Schönheit statt Asche

Wennn du mit der Autorin Kontakt aufnehmen möchtest, dann schreibe, möglichst auf englisch, an folgende Adresse:

Joyce Meyer
Life In The Word, Inc.
P. O. Box 655
Fenton, Missouri 63026
USA

… oder ruf an, unter:

001 (314) 0303

Bitte teile uns deinen Zeugnisbericht oder die Hilfe mit, die du durch dieses Buch erlebt hast.

Wir freuen uns auch, wenn du uns deine Gebetsanliegen schickst.

Bibliographie

Backus, William, Ph.D.: *Telling Each Other the Truth – The Art of True Communication*. Bethany House Publishers, Minneapolis, Minnesota 1985.

Backus, William und Marie Chapian: *Telling Yourself the Truth*. Bethany House Publishers, Minneapolis, Minnesota 1980.

Beattie, Melody: *Co-dependent No More – How To Stop Controlling Others and Start Caring for Yourself*. Harper & Pow, Publishers, Inc., New York, New York, by arrangement with the Hazelden Foundation 1987.

Carlson, David E.: *Counseling and Self-Esteem*. Word, Inc., Waco, Texas 1988.

Carter, Les: *Putting the Past Behind – Biblical Solutions to Your Unmet Needs*. Moody Press, Chicago, Illinois 1989.

Galloway, Dale E.: *Confidence Without Conceit*. Fleming H. Revell Comany, Old Tappan, New Jersey 1989.

Grant, Dave E.: *The Great Lover's Manifesto*. Harvest House Publishers, Eugene, Oregon 1986.

Hart. Dr. Archibald D.: *Healing Life's Hidden Addictions – Overcoming the Closet Compulsions That Waste Your Time and Control Your Life*. Vine books, a division of Servant Publications, Ann Arbor, Michigan 1990.

Holley, Debbie: „The Trickle-Down Theory of Conditional Love," „The Trickle-Down Theory of Unconditional Love." St. Louis, Missouri.

LaHaye, Tim: *Spirit-Controlled Temperament*. Post Inc., © LaMesa, California, for Tyndale House Publishers, Inc., Wheaton, Illinois 1966.

Littauer, Florence: *Discovering the Real You by Incovering the Poots of Your Personality Tree*. Word Books, Waco, Texas 1986.

McGinnis, Alan Loy: *Confidence – How to Succeed at Being Yourself.* Augsburg Publishing House, Minneapolis, Minnesota 1987.

Saunders, Molly: *Bulimia! Help Me, Lord!* Destiny Image Publishers, Shippensburg, Pennsylvania 1988.

Solomon, Charles R., Ed.D.: *The Ins and Outs of Rejection.* Heritage House Publications, Littleton, Colorado 1976.

Sumrall, Lester: *Overcoming Compulsive Desires – How To Find Lasting Freedom.* Creation House, Lake Mary, Florida 1990.

Walters, Richard P., Ph.D.: *Counseling for Problems of Self-Control.* Word, Inc., Waco, Texas 1987.

Webster's II New Riverside Univertity Dictionary. Houghton Mifflin Company, Boston, Massachusetts 1984.

The Amplified Bible. Marshall Pickering Holdings Group, a subsidiary of the Zondervan Corporation. Dasingstoke, Hants 1987.

Lutherbibel. Bibeltext in der revidierten Fassung von 1984. Deutsche Bibelgesellschaft, Stuttgart 1999.

Genfer Studienbibel. Altes Testament F. E. Schlachter Übersetzung © 1951, Neues Testament F. E. Schlachter Übersetzung © 2000. Hänssler Verlag, Holzgerlingen 1999.

Laß dich nicht einschüchtern
Überwinde Angst und setze die Gaben Gottes in deinem Leben frei
John Bevere
129429   209 Seiten

- Fällt es dir schwer, nein zu sagen?
- Hast du Angst vor Auseinandersetzungen?
- Schließt du Kompromisse, um Konflikte zu vermeiden?
- Triffst du Entscheidungen danach, ob du anderen dadurch gefällst?

Falls du auch nur auf eine dieser Fragen mit ja geantwortet hast, dann ist dies ein Buch für dich. Es zeigt auf, was Einschüchterung ist, bricht deren Umklammerung und zeigt dir, wie du Gottes Gaben freisetzt. Es ist höchste Zeit, aus der Falle der Einschüchterung herauszukommen und deren Auswirkungen (Depression, Hoffnungslosigkeit und Verwirrung) zu überwinden. Laß es nicht länger zu, daß Angst dich zurückhält.

Außer Kontrolle und begeistert darüber!
Lisa Bevere
129413   202 Seiten

Hast du dein chaotisches, hektisches und streßreiches Leben satt? Lisa Beveres Leben war voller Probleme und Turbulenzen, bis sie erkannte, daß immer dann alles im Chaos endet, wenn sie die Kontrolle übernahm. Dieses Buch ist ihr Bericht darüber, wie sie ihre panisch-hektische Kontrolle aufgeben und Gott das Steuer überlassen konnte, der sie in einen Hafen der Ruhe und des Friedens brachte. Der Inhalt dieses Buches zeigt uns, wie wir unser Leben – unseren Ehepartner, unsere Kinder, unsere Finanzen, unseren Beruf oder Dienst – Gott unterstellen können.

Hältst du alles so verbissen fest, daß Gott nicht mehr in dein Leben eingreifen kann? Laß los und erlebe die Freiheit und den Frieden Gottes, die Er dir zugedacht hat.

des Feindes

Deine Reaktion bestimmt deine Zukunft

Der Köder des Feindes
Deine Reaktion bestimmt deine Zukunft
John Bevere
129415   235 Seiten

- Mußt du immer deine Version der Geschichte erzählen?
- Bist du leicht mißtrauisch und neigst zu Unterstellungen?
- Drehen sich deine Gedanken ständig um deine alten Verletzungen?
- Hast du resigniert, weil dir jemand etwas angetan hat?

Dieses Buch deckt eine der heimtückischsten Fallen auf, mit deren Hilfe Satan versucht, dich von Gottes Willen abzubringen – Ärgernisse und Kränkungen.

Handbuch zum Selbststudium zu *Der Köder des Feindes*
John Bevere
129432   118 Seiten

Die Schule des Geistes
Erfolgreiches Leben in der geistlichen Welt
Roberts Liardon
129417 170 Seiten

Vom Heiligen Geist geleitet zu werden beeinflußt jeden Teil deines Lebens. Gott möchte dir in jedem Bereich deines Lebens helfen. Dabei möchte Er dir nicht den Spaß verderben, sondern dich weit über das hinaus segnen, was du dir vorstellen kannst. Dieses Buch beschreibt, …
- wie du deinen Geist stärken kannst.
- sieben biblische Weisen, wie Gott sein Volk leitet.
- die positiven Auswirkungen des Sprachengebets.
- wie man das „innere Zeugnis" erkennt.
- wie du dich von unbiblischer Führung befreist.

Weitere Bücher
des Adullam Verlags

Gottes Generäle von Roberts Liardon
Mehr als genug von John Avanzini
Wenn Luzifer und Isebel deine Gemeinde besuchen von Dick Bernal
Der Ruf des Geistes von Roberts Liardon
Du bist als Original geboren, stirb nicht als Kopie von John Mason
Gott garantiert Schuldenfreiheit von John Avanzini
Überwinde Durchschnittlichkeit von John Mason
Laß los, was dich zurückhält von John Mason
Die Furcht des Herrn von John Bevere
Kommunikation, Sex und Geld von Edwin Louis Cole
Wertvoller als Geld von John Avanzini
Erkenne deine Berufung von Mike Murdock
Die wahre Größe einer Frau von Lisa Bevere
Auf der Suche nach Erweckung von Ron McIntosh
Porträts mutiger Männer von Ed Cole
Die göttliche Invasionsmacht von Roberts Liardon
Spukhäuser, Geister und Dämonen von Roberts Liardon
Halte fest an Gottes Wort! von Roberts Liardon
Vergiß nicht, was Er dir Gutes getan hat! von Roberts Liardon
Schluß mit dem Versteckspiel von Richard Perinchief
Der Preis für geistliche Kraft von Roberts Liardon
Religiöse Politik – Menschen- oder gottgefällig? von Roberts Liardon

Adullam Verlag
St.-Ulrich-Pl. 8
85630 Grasbrunn
Tel. (0 89) 46 88 01
Fax: (0 89) 46 20 17 90
www.adullam.de

Gerne senden wir den aktuellen Katalog über das ganze Sortiment, neue Bücher, Projekte und Termine zu.